本书获自治区级协同创新中心——陆海经济一体化协同创新中心、广西高等学校高水平创新团队及卓越学者计划、广西一流学科（培育）——应用经济学的资助

镜湖文库
JINGHU
LIBRARY
广西财经学院
经济与贸易学院

镜湖文库

JINGHU
LIBRARY

西南农村地区小农生产现代化的实证与对策研究

黄永新 著

中国经济出版社
CHINA ECONOMIC PUBLISHING HOUSE
·北京·

图书在版编目（CIP）数据

西南农村地区小农生产现代化的实证与对策研究 / 黄永新著 . --北京：中国经济出版社，2021. 11
（广西财经学院镜湖文库）
ISBN 978-7-5136-6651-0

Ⅰ. ①西… Ⅱ. ①黄… Ⅲ. ①农村现代化-研究-西南地区 Ⅳ. ①F327. 7

中国版本图书馆 CIP 数据核字（2021）第 189057 号

责任编辑 燕丽丽 吴 楠
责任印制 巢新强
封面设计 赵 飞

出版发行 中国经济出版社
印 刷 者 北京艾普海德印刷有限公司
经 销 者 各地新华书店
开 本 710mm×1000mm 1/16
印 张 12. 75
字 数 180 千字
版 次 2021 年 11 月第 1 版
印 次 2021 年 11 月第 1 次
定 价 88. 00 元
广告经营许可证 京西工商广字第 8179 号

中国经济出版社 **网址** www. economyph. com **社址** 北京市东城区安定门外大街 58 号 **邮编** 100011

前言

20 世纪 70 年代末 80 年代初，我国农村地区首先掀起了改革的序幕，建立了以家庭承包经营为基础、统分结合的双层经营体制。制度的变革激发了农民的生产积极性，促进了我国粮食产量不断增长，从根本上解决了我国人民的吃饭问题，但同时也带来了土地细碎化、小规模家庭经营的生产效率偏低、农产品竞争力不强等问题。为了在不改变现行农村基本经营制度的前提下实现农业现代化，我国探索出了一条通过明确农地产权促进土地流转、形成多种形式的适度规模经营，从而实现农业现代化的道路。这种模式的关键在于土地流转，通过土地流转使土地不断流向种粮大户、专业大户、家庭农场及农业产业化龙头企业，从而使这些新型农业经营主体开展规模经营。这一思路与西方新古典主义的经济发展理论不谋而合。我国采取与这种模式基本一致的农业现代化策略，但是经过多年的实践，我国小规模经营的状况并未发生明显改变。据原农业部统计，截至 2016 年底，我国经营规模在 50 亩以下的农户仍有近 2.6 亿户，户均耕地面积约 5 亩。与此同时，土地流转在 2015 年也出现了“拐点”，即流转比例增速快速下降。由此可见，通过土地流转实现规模经营的模式已经遇到了困难。

面对农业现代化发展中的困境，党的十九大报告中提出“实现小农户和现代农业发展有机衔接”的重要论断。这说明党中央已经认识到小农户生产还会在未来的中国长期存在。对于西南农村地区的小农户而言，由于受到生态环境恶劣、土地细碎化严重、民族成分复杂、贫困人口众多等因素的制约，想要短时间内实现类似西方大规模农场的经营模式则难度更大，必须探索适合该地区实际情况的农业现代化新路径。从党的十九大以来出台的诸多文件中我们可以清楚地看到，党中央已经从顶层设计层面转变了农业现代化的发展策略，逐步构建一种小农户和现代农业发展有机衔接的新模式。这种模式不依赖于土地流转，而是通过培育新型农业经营主体和服务主体发展农业社会化服务，通过构建现代农业产业体系、生产体系和经营体系带动小农户发展，从而实现多种形式的适度规模经营。这种转变，不仅为我们探索新的实现农业现代化的道路指明了方向，也促使学术界更加深入地进行研究，承担起理论创新和经验研究的题中应有之义。

因此，我们把西南农村地区小农生产现代化作为本书的研究课题。从宏观与微观、一般与特殊、历史与现实、国际与国内相统一的视角，综合运用经济学、民族学、社会学等学科的理论和方法，进行扎实的实地调查和案例研究，进而对该论题进行严谨的理论与实证分析。本书在研究中遵循“实践—理论—实践—理论”的研究范式，按照“理论研究—实证研究—比较研究—对策研究”的技术路线展开研究。首先，我们构建了本书的研究分析框架，从整体上论述了小农户衔接现代农业的内在逻辑、现实依据与路径选择。从经典小农理论出发，界定小农户的内涵与外延，区分了传统小农和现代小农的不同特征，在此基础上简要论证了现阶段我国小农户与现代农业发展有机衔接的内在逻辑和现实基础。梳理当前小农户分化现状，根据特定的标准把当前的小农户划分为发展型小农户、经营型小农户、兼业型小农户和退出型小农户，并根据不同的特征初步给出了不同类型的小农户与现代农业有机衔接的发展路径。其次，从“保护、提升、组织、带动、服务、扶持”小农户的思路出发，分别探讨了西南农村地区小农户的生产特征及其生产经营能力的提高、小农户组织化程度的提升、建立健全小农户与新型农业经营主体的利益联结机制、建立健全面向小农户的农业社会化服务体系等问题。从这些方面入手，可以探索出一条区别于通过土地流转来促进规模经营从而实现农业现代化的道路，从制度上保护小农户的合法权益并提升小农户的内在发展能力，并通过多种形式把小农户组织起来。对于单个小农户无法解决的问题，可以通过农业社会化服务加以解决，从而有效地带动小农户融入现代农业发展的轨道，促进小农户与现代农业发展有机衔接。再次，通过梳理日本在促进小农生产现代化方面的经验，我们发现其在发展合作社、培养核心农户、加强农村教育机构建设、完善农业金融体系功能、创新农村信用制度和建设农业社会化服务体系等方面，对我国发展现代农业具有一定的参考价值。最后，我们总结了本书的研究结论，据此提出了若干有针对性的政策建议。此外，我们认为应该加快促进小农户发展的立法进程，为小农户融入现代农业发展的轨道提供法律保障。我们还从立法的必要性、指导思想及基本原则、基本框架和路径等方面初步阐述了加快促进小农户发展立法进程的基本思路。

本书把研究对象聚焦于西南农村地区的小农户。由于研究对象所处的地理区位和调研区域小农户的生产经营特点较为特殊，本书具有一定的区域特色。另外，独特的研究视角、整合的研究方法、扎实的田野调查及丰富的案例研究，也彰显出本书的研究特色。本书力图构建合理的研究框架，以在研究视角、研究方法和对策建议等方面呈现出一定的创新。当然，本书的研究还只是初步的探讨，希望本书的出版在为从事相关论题研究的同人提供些许值得借鉴之处的同时，也能起到抛砖引玉的效果，吸引更多的学者共同展开关于促进小农户与现代农业有机衔接的研究。本书的研究成果可以为相关部门制定西南农村地区经济社会发展政策提供参考和依据，在具备条件的情况下，还可以在相关部门的支持下选择典型地区进行试点推行。

本书由黄永新独立提出研究设想、研究思路和研究框架，撰写除第四章第二节、第六章以外的内容，并负责最后的统稿和修改完善。广西财经学院经济与贸易学院农林经济管理专业的罗云和彭蕊萍同学对本书做出了一定的贡献，罗云撰写了第四章的第二节，彭蕊萍撰写了第六章。此外，广西财经学院和昆明学院的部分同学参与了本书的实地调研、问卷调查及调查数据的整理和分析工作。

小农户与现代农业发展的有机衔接是我国实现农业农村现代化的一项重

大的系统工程，是我国能否顺利实现乡村振兴的关键所在，理应成为学术界特别关注的一项重要研究课题。限于水平和能力，以及时间紧迫，本书对于促进小农生产现代化的研究还处于初步探索的阶段，必然有很多的不足之处需要进一步改进，恳请各位专家学者及实务工作者批评指正。

目　录

绪　论

首先，提出本书的研究问题及研究意义；其次，对与研究相关的成果进行梳理，归纳现有研究的发展趋势及不足，在此基础上构建本书的研究内容体系，并阐述本书的研究思路和研究方法；最后，提出本书的创新之处和研究特色。

一、问题的提出

人多地少、大国小农是中国基本的国情和农情。党的十九大报告提出："实施乡村振兴战略。……实现小农户和现代农业发展有机衔接。"这样的主张与我国的基本国情、农情高度吻合。据原农业部统计，截至2016年底，我国经营规模在50亩以下的农户有近2.6亿户，户均耕地面积5亩左右①，本质上仍然属于小农经济。2018年中央一号文件提出："统筹兼顾培育新型农业经营主体②和扶持小农户，采取有针对性的措施，把小农生产引入现代农业发展轨道。"2019年，中共中央办公厅、国务院办公厅根据党的十九大精神印发了《关于促进小农户和现代农业发展有机衔接的意见》，中华全国供销合作总社印发《供销合作社促进小农户和现代农业发展有机衔接工作实施方案》，各地也纷纷出台促进小农户和现代农业发展有机衔接的政策措施。这些文件的相继出台，不仅对促进传统小农向现代小农转变、实现小农户与现代农业发

① 屈冬玉. 以信息化加快推进小农现代化［EB/OL］.［2020-5-20］. http：//theory. people. com. cn/n1/2017/0605/c40531-29316890. html.

② 通常认为，新型农业经营主体是具有集约化、专业化、组织化、社会化等特征的农业生产经营者，是现代农业经营体系的重要组成部分，主要包括专业大户、家庭农场、农民合作社和农业产业化龙头企业（以下简称"龙头企业"）等。

展有机衔接起到了重要的指导作用，也为学术界对小农生产现代化进行理论创新和经验研究指明了方向。

目前，小规模农户仍然是我国农村地区农业生产经营的基本单位和重要主体。长期以来，无论是学术界还是实务界，“小农”或者“小农经济”一直是有着贬义色彩的词语，象征着传统、落后的经营者和生产方式，是需要被改造的对象。党的十九大报告中提出了“小农户”① 的概念，这表明党中央已经清醒地认识到，小农户生产可能还是我国未来长期存在的一个“历史现象”。② 与此同时，土地流转在2015年也出现了“拐点”，即流转比例增速快速下降，希望通过土地流转实现规模经营的模式在新时期已经遇到了难以破解的瓶颈。对于西南农村地区而言，由于受到生态环境恶劣、土地细碎化严重、民族成分复杂、贫困人口众多等因素的制约，想要在短时间内实现类似西方大规模农场的经营模式难度更大，以家庭经营为基础的小农户仍将会长期存在。

鉴于此，反思经典小农理论并重新审视小农经济与现代农业的关系，正确处理发展适度规模经营和扶持小农户的关系，改进西南农村地区小农生产方式，促进小农户与现代农业发展有机衔接，成为亟待加强研究的重要课题。具体而言，需准确回答以下几个重要问题：首先，什么是小农户？当代中国的小农户呈现出什么样的特征？其次，不同类型的小农户有什么样的发展趋势？适合不同类型小农户与现代农业发展有机衔接的模式与路径是什么？最后，政府及相关新型农业经营主体在促进小农户与现代农业发展中应扮演何种角色、起到什么作用？本书希望能得出对于上述问题具有启发性的结论。

二、 研究意义

党中央的顶层设计文件可以让我们清楚地认识到促进小农户和现代农业

① 关于“小农户”的概念辨析参见本书第一章的相关论述。

② 陈锡文．陈锡文谈乡村振兴：应努力为农民创造第三就业空间［EB/OL］．［2017-11-29］．http：//finance. sina. com. cn/meeting/2017-11-29/doc-ifypathz7150585. shtml.

发展有机衔接的重大意义。本书试图在深入理解党和国家有关精神的基础上，进行力所能及的理论创新和经验研究，具有一定的理论意义和应用价值。

首先，本书以新时代中国特色社会主义思想和党的十九大乡村振兴战略为指导，立足西南农村地区小农经济的实际情况，反思现有的小农理论，重新审视新时代小农户长期存在的必要性及其衔接现代农业的重要性，以期丰富和完善具有中国特色的小农现代化理论。

其次，本书从小农经典理论出发，构建了一个较为完整的理论分析框架，将宏观与微观、一般与特殊、历史与现实相结合，较为全面地探索了小农经济融入现代农业的可行性及发展路径，弥补学术界对西南农村地区小农户现代化研究不足的缺憾。

最后，本书从一个历史的、综合的视角研究西南农村地区小农户与现代农业发展的衔接，这对于化解区域发展不平衡和不充分问题、维护民族团结稳定与繁荣发展，以及促进西南农村地区同步实现农业农村现代化具有十分重要的现实意义。期望本书研究成果不仅可以在一定程度上为有关政府部门制定农村经济社会发展政策提供依据和参考，也可以为国内其他农村地区推进小农户现代化提供有益的经验与启示。

三、 文献综述

目前，国内外的研究主要集中在小农及其发展趋势、本土化的小农户概念、小农户与现代农业发展衔接的模式，以及促进小农户与现代农业发展衔接的机制与对策等方面。

（一）小农概念、特征及其发展趋势

在国内外学者长期的研究中形成了诸多经典小农理论，对“小农”这个概念进行了高度的抽象，很好地凸显了其本质特征。无论是马克思的“剥削小农”、恰亚诺夫的“生存小农”、舒尔茨的“理性小农”，还是国内学者经过本土化的“商品小农”和“社会化小农”等，在传统意义的分析范式上，

小农都是一个带有强烈意识形态色彩的词语。而小农经济作为一种生产方式，不仅具有经营规模小的形式特征，更为重要的是它具有传统农业的特征，如农户兼业化渐成主流、生计资本水平低、传统文化基因深、风险厌恶程度高等。

基于对小农的特征和行为模式的不同认识，国内外学者对小农户的发展趋势主要持有“小农消亡论”“小农持续论”和“再小农化论”等观点。

1. 小农消亡论

长期以来，“小农”都是一个贬义词。马克思主义认为以家庭经营为主的小农是落后的，其最终的命运不是被资本主义社会化大生产所取代，就是被社会主义社会化大生产所取代。刘易斯认为，传统部门存在大量隐性失业者或零值劳动力，传统部门的劳动力会源源不断地向现代部门转移。舒尔茨强调农户行为是理性的，改造传统农业的关键是寻找一些新的、廉价的现代农业生产要素，同时对农民进行人力资本投资。前些年，国内主流观点也认为中国“三农”问题的根源在于农户数量过多、经营规模过小，应当在工业化、城镇化的过程中逐步把农村劳动力转移到非农产业和城市中，使留在农村的经营主体获得更多的生产资料，实现以规模经营为主的现代化农业。

2. 小农持续论

早在百年之前，美国学者富兰克林·H. 金就已经对美国的现代农业发展模式进行反思，对东亚的资源节约、环境友好的永续农业倍加推崇。沃茨认为，“去小农化”的过程在全球范围内是高度不平衡的，并以在墨西哥和中国以生存为导向的农户生产者和不使用雇佣工人的契约农场主为例，阐述了小农阶级存在的可行性。塔尼娅·李也认为过去几十年来农业和小农的发展趋势要比“去小农化”这条轨迹更为多元。由于制造业就业岗位的增长不能满足人们对工作的需求，获得和保持小块农地就成为在城乡间流动的农村居民家庭生计策略中的关键要素。目前，国内很多学者认为在现有国情下小农经济的农业生产模式不仅是当前农业经营的基础，也应该成为未来长期坚持的主动选择。

3. 再小农化论

该理论的代表人物扬·杜威·范德普勒格指出，在农业活动边缘化甚至退化的背景下，让农业变得更加贴近小农，需要具备的要素是“新小农”拥有自主的资源库，具备生产积极性，匠人精神占主导，以及农业活动与自然、社会和谐发展，呈现消费关系以外的多元社会关系。这些要素能够使小农户获得强大的生命力。国内部分学者基于当前小农的分化情况，提出应该在重新认识小农户的基础上坚持小农多元化长期发展的观点。

（二）小农户与现代农业衔接的机理机制

1. 小农户与现代农业衔接的意义

张新光较早关注了发展现代农业与小农户衔接的问题。党的十九大以来，很多学者从不同角度论证了小农户与现代农业发展有机衔接的重要意义。郭庆海通过对比传统小农经济发现，新时代小农户虽多以机械化生产为主导，从属于商品经济范畴，但是也面临着兼业化、老龄化、市场竞争力较弱等诸多挑战，需要改变传统小农户一家一户的生产现状，引导小农户融入现代农业发展的轨道。马亚飞等根据我国西部地区地广人稀、地形复杂多样、小农户数量特别多的特点，认为仅依靠减少生产要素和转移农村剩余劳动力是无法实现农业现代化的。

2. 发展小农户与规模经营的关系

姜长云对农户家庭经营与发展现代农业的关系进行了讨论，提出农户家庭经营应该作为发展现代农业的主导形式。张红宇提出走中国特色农业现代化发展道路，在培育新型农业经营主体和发展适度规模经营的同时，也要重视小农户，以促进小农户与经济社会同步发展。叶敬忠指出支持小农户的发展，并非排斥规模化的现代农业。我国人多地少，各地资源禀赋差异巨大，尤其是在很多贫困地区，地块零散的丘陵山区更适合小农式的家庭生产。因此，现阶段以家庭经营为主要特征的小农户仍然是我国最主要的农业经营主体。

3. 小农户与现代农业发展衔接的含义

很多学者认识到正确理解“有机衔接”的含义是探析小农户与现代农业衔接机理机制的基础。郭庆海按照不同的标准把小农户和现代农业发展有机衔接分为直接衔接和间接衔接、主动衔接和被动衔接、环节衔接和全面衔接等。李铜山认为，小农户和现代农业发展有机衔接，是指小农户与现代农业发展之间相互关联、相互连接和相互协调，形成不可分割的、有机的经营形式和发展模式。

4. 小农户与现代农业有机衔接面临的障碍

现阶段小农户在与现代农业对接的过程中仍然面临诸多困难。贺雪峰认为，目前我国小农生产面临土地细碎化、农业老龄化、土地承包人与经营者分离、农业合作难、对接服务难等问题。李铜山指出，当前小农户面临如转变为家庭农场等新型农业经营主体的速度较慢，发展现代农业生产经营的动力不足，发展订单农业的比例较小等多种难题。韩长赋则把小农户面临的困难归结为在工业化、城镇化深入推进过程中发展权利不充分。阮文彪认为，小农户与现代农业发展有机衔接还需要解决很多矛盾，包括小农户分散经营与农业规模化、标准化发展的客观要求之间的矛盾，小农户的商品农产品增长与市场交易成本居高不下之间的矛盾。

5. 小农户与现代农业衔接的方式与机制

学者普遍认为，小农户与现代农业衔接最具有代表性的路径，就是充分发挥龙头企业、农民合作社等新型农业经营主体及提供各类新型农业服务的主体的带动作用，通过提高组织化和服务规模化程度来组织带动小农户发展，从而实现其与现代农业的有机衔接。苑鹏基于兼业小农、专业小农和不在地农户等不同类型农户的不同需求，构建出通过给予农业社会化服务补贴等方式大力支持各类农业社会化服务组织发展，实现小农户与现代农业发展对接的五种典型模式。熊磊基于小农户和现代农业发展有机衔接的内涵，结合分工经济理论，系统总结出实现小农户和现代农业发展有机衔接的四种模式，包括“现代特色农业产业+小农户模式”“农业社会化服务模式”“农村产业融合发展模式”和“农村土地股份合作社带动模式”。

（三）促进小农户与现代农业衔接的对策

大多数学者都能依据现阶段我国小农户的分化现状，提出促进其与现代农业衔接的对策，但采取的措施各不相同：一部分学者主张多管齐下，另一部分学者主张重点采取某一类关键的措施。孔祥智认为，进一步提高农民组织化水平，健全农业社会化服务体系是发展现代农业的基本途径。姜长云提出，应当尝试从支持发展农业生产性服务业、支持新型农业经营主体带动小农户、支持小农户增强衔接能力等方面促进小农户与现代农业衔接。徐旭初研究发现，培育“组织化小农”，即提高小农户组织化程度，是实现小农户和现代农业发展有机衔接的必由之路。郭斐然提出，农业企业与农民合作社联盟是实现小农户和现代农业衔接的有效途径。陈航英则认为，构建新村庄集体组织、发展集体经济以实现小农户的内生性组织化，从而实现小农户与现代农业发展的有机衔接是可行的。张红宇认为，推进小农现代化，要按照“保护、组织、带动、提升、富裕”五位一体的思路，充分发挥小农的主体作用，从优化外部环境和强化内生动力两方面优化政策体系。

（四）研究述评

综上所述，学术界在小农行为理论、小农现代化路径及对策等方面的研究成果颇丰，为本课题研究奠定了良好的基础，拓展了探索视野。但是，囿于各国在不同时期农村经济社会发展实际情况的不同，现有研究仍然存在诸多不足之处。一是有些学者盲目借用西方的理论，忽视了小农经济在我国长期存在的必然性，过度追求企业化的大规模经营方式；有些学者则走向另一个极端，沉溺于浪漫主义的“小农理想”而忽视了小农现代化的进程，这也不利于中国“三农”问题的解决。这两种主张的最大缺陷是脱离了小农户的行为动机和中国农村的实际情况，没有认识到小农经济现代化道路的多样性。

二是大多数学者没有考虑区域发展的不平衡性，研究对象主要聚焦经济发达地区，对经济相对落后的西南农村地区小农户如何衔接现代农业的问题关注不够。三是研究方法不够严谨，大多数学者采用的是定性分析方法，关注概念和理论层面上的分析，与现实层面联系不够密切，从小农户微观层面进行的分析不足，缺乏建立计量模型进行实证分析的过程，对现实案例的分析也不够充分，所以难以得出令人信服的结论。因此，需要在现有成果的基础上进一步拓展研究，完善经典小农理论，界定小农户的内涵与外延，通过调研分析西南农村地区小农户的基本特征、分化现状及其发展趋势，通过理论和实证结合的分析方法深入探讨西南农村地区小农户与现代农业有机衔接的模式与对策。

四、 研究内容

本书的内容体系安排如下：

绪论，首先，提出本书的研究问题及研究意义；其次，对与研究相关的成果进行梳理，归纳现有研究的不足、发展趋势，在此基础上构建本书的研究内容体系，并阐述本书的研究思路和研究方法；最后，提出本书的创新之处与研究特色。

第一章，小农户衔接现代农业的内在逻辑、现实基础与路径选择。本章首先对小农户的概念进行简要辨析，从传统小农的起源出发，界定小农户的内涵与外延；其次，区分了传统小农和现代小农的不同特征，在此基础上简要论证了现阶段我国小农户衔接现代农业的内在逻辑和现实依据；最后，梳理了当前小农户分化现状，根据特定的标准把当前的小农户划分为发展型小农户、经营型小农户、兼业型小农户和退出型小农户，并根据不同的特征初步给出了各类型小农户与现代农业有机衔接的发展路径。

第二章，西南农村地区小农户的生产特征及其生产经营能力的提升。本章首先根据调研的数据从小农户内在特征、小农户经营规模、新型农业经营主体对小农户的带动、小农户生产中面临的困难及未来的经营意愿等方面剖析了小农户的生产特征，并探讨了西南农村地区小农生产的发展趋势及其应对策略；其次，分析了通过培训提升小农户的内在发展能力，以及引导小农户转型为家庭农场的必要性和可行性；最后，提供两个小农户发展为家庭农场的典型案例。

第三章，提高西南农村地区小农户的组织化程度。本章探讨小农户的组织化问题。首先，阐述了小农户组织化的含义及其对促进小农户与现代农业有机衔接的作用；其次，分析了小农户组织化的三种模式，即“小农户+小农户”模式、“合作社+小农户”模式和“集体经济组织+小农户”模式（又称“村社合一”模式）；最后，在理论分析的基础上提供了两个具体的案例。

第四章，建立健全西南农村地区小农户与新型农业经营主体的利益联结机制。本章探讨如何发挥龙头企业等新型农业经营主体对小农户的带动作用。首先，阐述了龙头企业等新型农业经营主体对小农户的带动作用机理及其存在的问题，指出解决问题的关键在于建立健全龙头企业与小农户利益联结机制；其次，以广西金穗企业为例，分析了企业带动小农户发展的模式、存在的问题及影响因素，在此基础上提出了相应的对策；最后，结合理论分析的结论，提供了龙头企业带动小农户发展的两个典型案例。

第五章，建立健全面向西南农村地区小农户的农业社会化服务体系。本章论述如何为西南农村地区小农户提供农业社会化服务，以促进其有机衔接现代农业。首先，在理论层面阐述了农业社会化服务的含义、发展农业社会化服务对小农户的作用，以及面向小农户的农业社会化服务的模式；其次，探讨了面向小农户发展社会化服务的机制机理，实证分析西南农村地区小农户对农业社会化服务的需求意愿、影响因素及应对策略；最后，根据理论和实证的结论，提供了西南农村地区面向小农户发展农业社会化服务的典型案例。

第六章，东亚地区小农生产现代化的经验与启示。本章以东亚地区农业发展模式的典型国家——日本为例，阐述了该国在小农生产现代化进程中的经验和对我国的启示。首先，简要梳理了日本农业发展的历史、特征及促进小农生产现代化的措施；其次，分析了日本农协在小农生产现代化进程中的作用；最后，总结了日本在小农生产现代化进程中对我国具有参考意义的经验和启示。

第七章，西南农村地区小农生产现代化的政策建议及法律保障。本章首先归纳总结了本书的研究结论，据此提出了若干具有针对性的政策建议；其次，提出了关于加快促进小农户发展立法进程的建议，此为笔者在法律层面为促进小农户融入现代农业发展的轨道提出的个人主张。

五、研究思路与研究方法

（一）研究思路

本书从经典小农理论出发，通过比较传统小农和现代小农的基本特征，结合现阶段我国农村家庭经营的特点，界定了小农户的内涵与外延。通过调研分析西南农村地区小农户的基本特征、分化现状及其发展趋势，借鉴东亚地区小农生产现代化的经验与启示，探讨西南农村地区小农户与现代农业有机衔接的模式与对策。在研究中遵循“实践—理论—实践—理论”的研究范式，按照“理论研究—实证研究—比较研究—对策研究”的技术路线展开研究。具体如图 0-1 所示。

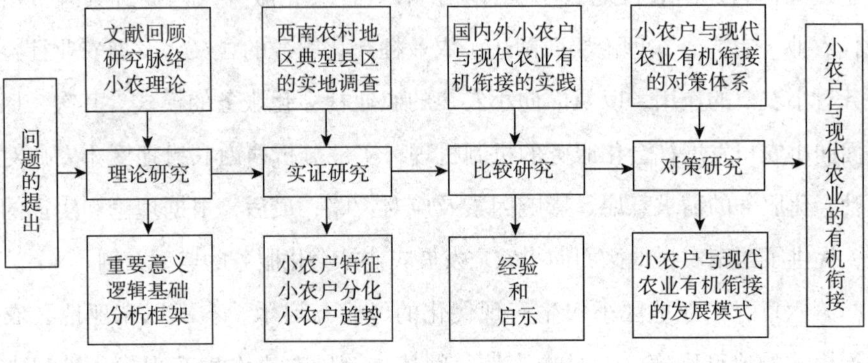

图 0-1　研究技术路线图

（二）研究方法

本书使用的研究方法如下：

第一，多学科综合研究。运用经济学、社会学理论，从经典小农理论出发，构建适合西南农村地区实际的理论分析框架；运用民族学、人类学的方法进行田野调查，掌握小农户的生产特征及其发展趋势。

第二，历史与比较研究。对国内外小农户与现代农业有机衔接的历史和现实情况做详细梳理，总结对于当前我国实现以小农户为主体的农业现代化目标值得借鉴的经验。

第三，实地调查研究。通过观察、访谈、问卷调查、田野调查等方法，摸清西南农村地区小农户的发展现状，以及新型农业经营主体对小农户的带动作用。搜集定量分析所需要的数据资料，为理论和实证研究提供坚实的微观基础。

第四，定性研究与定量研究相结合。在理论分析的指导下，设计指标体系对西南农村地区小农户进行调查，取得数据资料并进行定量分析，为正确剖析小农户在接受农业社会化服务等方面的行为方式提供实证依据。

六、 创新之处与研究特色

（一）创新之处

第一，研究视角的创新。本书立足当前西南农村地区小农经济的实际情况，从小农户生产动机和行为模式的微观视角切入，研究“在中国宏大的现代化进程背景下小农户如何衔接现代农业”这一重大的现实问题。本课题的研究建立在坚实的微观基础上，体现出宏观与微观、一般与特殊、历史与现实相统一的研究特色。

第二，研究方法的创新。本书综合运用民族学、经济学、社会学、人类学等学科的理论和方法，力求做到理论研究、实证研究与扎实的田野调查有机结合，在最大程度上真实揭示西南农村地区小农户的特征、生产动机及行为模式，确保研究结论的准确性，增强研究成果的应用性。

第三，对策建议的创新。本书基于理论研究和实证研究，构建“保护、提升、组织、带动、服务、扶持”小农户的“六位一体”对策体系，创新西南农村地区小农户融入现代农业的发展模式：即通过小农户组织化和农业服务主体的带动促进小农户融入现代农业的发展轨道。本书提出加快促进小农户发展的立法进程这一政策建议，为小农户衔接现代农业提供法律保障，弥补当前西南农村地区小农户衔接现代农业在理论研究和实务工作中的不足。

（二）研究特色

出于弥补当前研究缺失的考虑，本书把研究对象聚焦于我国西南农村地区小农户，探讨“小农户如何与现代农业有机衔接”这个重要论题。由于研究对象所处的特殊地理区位，加之调研区域小农户与新型农业经营主体之间已经形成的互动与探索，本书具有一定的区域特色。另外，独特的研究视角、整合的研究方法及扎实的田野调查，再辅以丰富的案例研究，也彰显出本书的研究特色。

第一章　小农户衔接现代农业的内在逻辑、现实基础与路径选择

本章首先对小农户的概念进行简要辨析，从传统小农的起源开始，界定小农户的内涵与外延；其次，区分了传统小农和现代小农的不同特征，在此基础上简要论证了现阶段我国小农户衔接现代农业的内在逻辑和现实基础；最后，梳理了当前小农户的分化现状，根据特定的标准，把当前的小农户划分为发展型小农户、经营型小农户、兼业型小农户和退出型小农户，并根据其不同的特征初步给出了各类型小农户与现代农业有机衔接的发展路径。

第一节　小农户概念简析

一、传统意义上的小农

从词源学的角度来看，“农民”（peasant）最初源自古拉丁语“pagus”，这个概念具有强烈的贬义色彩，指的是“异教徒、未开化者、堕落者”。在英语中，peasant 与 farmer 都可以被翻译为农民，但是 peasant 最初在词源上与农民没有直接联系，其词义原为“卑鄙者”。因为在远古时代，卑贱者大多种田，这样 peasant 才与农民产生了关联，对应具有身份含义的“农民”一词。而 farmer 则以 farm 为词根，强调的是职业而不是身份的含义，此时的农民是中性的，代表着一种职业的概念。

对于小农的含义，国内外学者给出了不同的定义。早期的研究如马克思

主义认为，“小农是指以小地块土地私有制为基础的、分散的、孤立的、自给自足式的农业生产单元”，并判断小农经济必将走向灭亡。此外，恰亚诺夫将“小农”与西方经济学的“理性经济人”假设进行了区分。通过构建“劳动—消费均衡论”和“家庭生命周期说”，恰亚诺夫对传统小农的特征进行了深入分析，认为随着家庭消费者与生产者比例周期性的变化，小农家庭农场的经济状况会发生起落，但是小农的生产和消费又具有动态的均衡性。小农的生产不是追求利润最大化，而是主要满足家庭成员的基本需求。新古典主义经济学和生计主义则是解读“小农”的其他流派。新古典主义经济学派认为，小农与资本主义企业一样，都是追求利益最大化的理性个体，具有理性决策的能力，很少受其他因素的制约。舒尔茨是其中的代表人物，他在其著名的《改造传统农业》一书中提出，小农具有同样的经济理性，传统农业实际上已经达到要素均衡的状态，必须引入先进的生产要素和对农民进行人力资本投资，才能实现对传统农业的改造。生计主义同样坚持小农的理性原则，其代表人物斯科特在《农民的道义经济学》一书中认为，小农会在生产中遵循“生存优先”的原则，将支配和控制的生计资本转化为生计策略，并调动主体性和能动性创造可持续性的发展机会。黄宗智则将舒尔茨、恰亚诺夫、马克思等的小农观点进行了综合分析，把小农看作“一个追求利润者，又是维持生计的生产者，更是受剥削的耕作者”。因为小农是这样一个反映三种不同特征的统一体，所以其生产经营行为中体现出一种“内卷化”或“过密化”的特征。

我国学术界由于受马克思主义的影响，主要采用的是马克思主义的概念。《中国大百科全书》(第二版）对“小农”进行了定义，认为“小农”是“在传统农业生产环境条件下从事小规模生产的自耕农”。早期，很多学者仍然沿用马克思、恩格斯对“小农”的经典定义，从生产力和生产关系的角度对“小农”进行分析，即就小农的主体构成和土地所有制性质进行生产关系范畴的“质的规定性”，就小农单元规模的计量标准和生存标准进行生产力范畴的“量的规定性”。因此，“小农”是生产关系“质的规定性”和生产力水平

“量的规定性”的辩证统一，二者不可分割。总之，在马克思主义看来，“小农”是一个历史范畴，是在不同的文明制度下特殊存在的，并且会随着社会化大生产的发展逐渐走向消亡，因而“小农”概念一般带有强烈的意识形态色彩。

二、小农户概念的提出

党的十九大报告中提出“小农户”① 的概念后，国内诸多学者对小农户的内涵与外延进行了深入的探讨。出于淡化传统“小农”概念意识形态色彩的考虑，大多数学者主要从其经营规模进行描述。如张红宇认为小农户应简单定义为小规模农户或小规模经营群体，是以家庭为经营单位、“集生产与消费于一体的农业微观主体”。郭庆海认为小农户不应再包含生产关系的含义，而是在生产力概念上进行量的界定。他认为现阶段我国的小农户已经不再属于传统小农的范畴，而是与现代农业逐步接轨的生产经营单元。施祖法把小农户界定为“在特定资源禀赋下以家庭为单位、集生产与消费于一体的农业微观主体”。叶敬忠认为“小农户”概念的界定，应该以家庭经营为基准，从土地面积和农业收入两个维度进行衡量。

从内涵来看，这些学者的论证，已经基本把小农与小农户区别开来了。小农是具有意识形态属性的、具有生产力与生产关系内涵的综合概念，而小农户一般仅仅包含规模、收入等生产力方面的内涵，即只是纯粹对于生产力水平的“量的规定”。对于小农户而言，只有规模大小的不同，没有意识形态上的优劣之分。因此，小农户是我国新时期能够满足自身生存发展需求、拥有适当经营规模的家庭承包经营主体，本身是一定生产力水平的体现，不应再将其与传统的“小农”概念混为一谈。当然，小农户的内涵除了从土地规模和生存标准来界定外，还可以从经营的结构、生产的社会化和产品的商品

① “小农户”这种提法可能是想避免与“小农”混淆，“小农”概念的意识形态色彩浓重，而“小农户”概念比较纯粹，指的是现代意义上从事小规模农业生产的农户。

化等方面来概括，这样才能全面把握小农户的内在含义。

从外延来看，小农户有其明确量化的标准。按照世界银行的定义，经营面积在2公顷及以下均属于小农户范畴。目前我国尚无统一的标准，一般认为，小农户即指实施家庭联产承包责任制后形成的2亿多承包农户。在农业普查中，一般把耕种面积达到50亩的称为规模经营户①，那么耕种面积在50亩以下的农户就可以被看作小农户。据原农业部统计，截至2016年底，我国经营规模在50亩以下的农户仍有近2.6亿户。因此，现阶段中国农村仍然是一种小农生产的经营格局，必须以小农户为主体发展现代农业，才能从根本上全面实现乡村振兴和农业农村现代化。

第二节　小农户衔接现代农业的内在逻辑与现实基础

一、小农户衔接现代农业的内在逻辑

（一）当前我国的小农户已经具备现代小农的若干特点

1. 传统小农的特征

在党的十九大提出“小农户”概念之前，国内外学者讨论的内容基本上属于传统小农范畴。一般认为，传统小农具有三个基本特征：首先，传统小农具有自给自足的特征。这意味着小农比较容易根据外部条件和经营状况实现家庭“生产—消费”的均衡。其次，传统小农生产经济结构比较简单。传统小农主要以传统农业技术从事种植业、养殖业和手工业，这使得其很容易

① 农业普查中的规模农业经营户指具有较大农业经营规模，以商品化经营为主的农业经营户。在一年二熟及以上地区从事种植业的规模农业经营户的标准是50亩，这也是大多数地区从事种植业家庭农场的标准。因此，可以把耕作面积小于50亩作为小农户的量化标准。

优化资源配置，达到一种高效率的生产状态，从而抵御外部不确定因素带来的冲击。最后，传统小农具有封闭性、排他性的特征。这种特征决定了传统小农具有规避风险的自觉性。在正常情况下，他们不愿意将剩余农产品运往市场交易，而是先储存起来，以减少不确定性对生产生活的影响和市场风险带来的影响。

传统自给自足式的小农经济贯穿中国悠久的发展历史。在原始社会末期就已经出现了传统小农的萌芽状态，到了春秋战国时期小农正式形成，成为我国数千年封建社会的经济基础，在农业人口占绝对多数的历史阶段显示出勃勃生机。新中国成立后，为了建设社会主义社会，20 世纪 50 年代农村地区实行了轰轰烈烈的社会主义运动，以集体化的方式进行了“去小农化”的改造。改革开放后，回归了家庭生产经营单位的自给自足小农逐步被卷入市场化和商业化浪潮。目前，我国的小农已经发生巨大的变化，基本上已经转化为具有高度市场化、商品化和社会化特征的小农户。

2. 现代小农的特征

与传统农业的小农经济不同，当前我国小农在许多领域都发生了质的变化。随着我国市场化、城镇化的不断推进，自给自足的小农逐渐消失，变成了具有一定现代小农特征的小农户（见表 1-1）。

表 1-1　传统小农与现代小农的比较

项目	传统小农	现代小农
经营模式	血缘、地缘为基础的家庭经营	融入农业产业化
生产手段	人力、畜力	半机械半自动化
自给自足程度	生产资料和产品消费自给自足	商品化程度高
收入结构	农业收入为主	农业与兼业收入
市场交易	几乎没有	与市场联系密切

第一，现代小农以家庭成员为经营单位，经营范围涵盖农业生产和消费，这与传统小农相一致。在农业生产经营的方式中，许多学者已经证明了家庭

经营是最有效率的、监督成本最低的生产经营方式。在这种经营方式下，家庭成员贯穿农业生产的全过程，所生产的农产品除了满足家庭成员的日常消费外，还用于市场化交易。

第二，现代小农生产已经部分使用机械化、自动化的耕作方式。现阶段我国农村大多数地区实现了半机械化田间作业模式，部分平原地区甚至已经完全采用机械化、自动化的耕作方式。但是在西部山地地区，由于土地细碎化程度严重，这些地区普遍采用精耕细作的方式，大量使用良种和化肥。同时，由于一定规模的连续机械化生产作业难以开展，大多数小农仍在大量使用人力、畜力进行田间耕作，整体生产收益水平并不高。

第三，现代小农拥有开放的生产系统，其生产资料和产出的农产品均与外部市场发生密切的联系。一方面，现代农业生产技术的推广为农业生产提供了良种、化肥、农药、农膜等生产资料，在农业生产中使用这些生产资料大大提升了土地生产力和劳动生产率。另一方面，快速发展的工业化生产给小农提供了大量的工作机会，为了获得比农业更高的利润，大量青壮年小农被吸引到城市从事非农工作，导致现代小农的兼业收入占家庭总收入的比重不断上升，农业生产收入比重显著下降。

第四，现代小农经营方式具有非常明显的商品化、市场化特征。现代小农生产经营的专业化、商品化程度显著提高，农户与外部的联系越来越多，传统小农封闭、半封闭的生产和消费方式基本被打破。目前，大多数农户已经全面与市场进行了产品流通，生产的农产品除了满足家庭日常使用外，还有很大一部分用于销售。中国农村总体上已基本进入市场化阶段，虽然小农生产经营的土地规模较小，农产品品种较少，但小农生产目标是为了获得最大化的利润。现代小农会根据市场经验和自身资源情况，在市场上交换农产品，因而具有明显的商品化特征。

（二）现阶段我国小农户已经具备衔接现代农业的条件

本质上，现阶段我国的小农户已经基本摆脱了传统小农经济的特征和属性。因此，我们不能再用传统的尺度去衡量如今的小农户，而应该将其放在整个农业农村现代化的宏大进程中来观察小农户与现代农业有机衔接的可能性。

1. 现阶段我国小农户具备与现代农业有机衔接的内在特征

首先，现代小农户较容易适应现代农业的发展。以现代生产力高度发展为基础的社会经济结构与社会组织结构的变化，改变了小农户的本质特征。小农家庭经营不仅能适应以手工劳动为主的传统农业，还能适应应用先进科学技术和生产手段的现代农业。其次，由于经济的发展和生活成本的提高，现阶段的小农户单纯依靠农业生产经营很难维系家庭的生存和发展，因此大多数小农户都在不同程度上处于兼业的状态。实际上，大多数小农户从事农业生产的收入已不再是家庭收入的主要来源，家庭收入的来源呈现多元化的特征。最后，小农户的生产经营已经高度社会化，虽然家庭成员仍然是主要的劳动力，但随着农业机械、农业技术和农艺技术的进步，以及专业分工的深化，小农户不再封闭、孤立地发展农业生产；相反，许多重要的生产环节都委托第三方经营，形成了共享经济的局面。目前，我国主要农产品商品化率基本达到90%，我国小农户基本实现了由自给自足的生产模式向商品化生产的转变。

2. 现阶段小农户具有与现代农业有机衔接的相对优势

国内外研究显示，小农户具有一定的经济理性，能够根据自身的需求对生产进行自我调节，具有较强的生产适应性。同时，在合适的激励机制下，小农户并不排斥现代农业技术和经营管理经验的使用。目前，我国东北、华北平原地区已经大规模应用机械化的耕作方式。西部地区由于面临人地关系的自然约束、剩余劳动力转移的约束，难以采取大规模机械化的耕种方式，但是也在逐步探索使用适合山地的小型农业机械设备，以获得更好的生产效果。同时，小农生产主要以家庭成员为劳动力，这不仅可以降低生产经营的监督成本和治理成本，还有利于对接农业社会化服务体系，对资金、技术、土地等生产要素进行有效配置，从而大大提高农业生产力。黄宗智曾指出，与欧美“大农业”相比较，小农依赖家庭内部的劳动力而不是雇工，因此能够同时进行依靠主要劳动力所从事的主业和依靠家庭辅助劳动力所从事的副业，特别适合“劳动和资本双密集化”的多元化农业生产，从而较好地发展现代农业。

二、 小农户衔接现代农业的现实依据

（一）小农户与适度规模经营可以协调发展

前些年大多学者认为，通过土地流转把土地集中到新型农业经营主体手中，从而实现多种形式的适度规模经营是农业现代化的不二选择。发展适度规模经营确实是现代农业发展的必由之路，也是世界农业发展的一般规律。但是，如何实现适度规模经营却不仅有土地流转这一座“独木桥”。中国数十年的发展事实证明，经历了一个曲折而反复的过程建立起来的农户家庭经营并未如预期的那样被取代，且预计在未来的很长一段时期内也不会有明显的改变。近年来，我国农村土地流转平均增长速度为3%~4%，如果以2016年我国的2.6亿小农户为基数进行测算，那么到2020年，经营规模在50亩以下的小农户仍有2.2亿左右，经营着全国耕地面积的80%左右；到2030年仍将有1.7亿小农户，经营着约70%的耕地；到2050年仍将有1亿左右的小农户，经营的耕地面积仍占全国耕地面积的50%左右。[①] 可见，在近期乃至未来的较长一段时期内，小农经济仍将是实现我国农业农村现代化无法回避的重要现实，若不能带动小农户发展，真正的农业农村现代化必然无法全面实现。

因此，可行的方案就是要协调好二者的关系，充分发挥二者的优势。一方面，我们要继续加大培育新型农业经营主体的力度，进一步发展多种形式

---

① 屈冬玉．以信息化加快推进小农现代化［J］.智慧中国，2019（7）：28-31.

的适度规模经营；另一方面，我们也不能忽略小农户的存在，要加快探索以小农户为主体的农村社会实现农业农村现代化的路径。实际上，小农户与规模经营可以并行不悖。培育新型农业经营主体实现规模经营，既能够促进新型农业经营主体自身的发展，也能够以多种形式带动小农户发展，还可以为小农户提供所需的农业社会化服务。

（二）小农户的发展是实现农业农村现代化的关键

当前，小农户仍是我国农业的基本生产经营单元和农村的基本生活单元，在保障粮食安全、为工业化提供劳动力、传承中华农耕文明等方面发挥着不可替代的基础作用。维护小农户的稳定和发展，是实现农业农村现代化的关键所在。

第一，小农户在维护国家粮食安全方面起到了“压舱石”的作用。现阶段我国小农户耕种着大多数的耕地，其生产的农产品不仅可以解决自己的吃饭问题，同时还是我国粮食安全的重要保障。特别是在西部偏远山区，由于新型农业经营主体发展相对缓慢，扶持小农户发展不仅能解决其自身的粮食问题，也能为边疆地区的稳定和民族团结提供强有力的支持。

第二，小农户为我国工业化的发展提供了充足的人力资源。改革开放以来，我国东部沿海地区工业化程度上升，对劳动力的需求越来越大。大量的农村劳动力纷纷到城市寻找工作机会，为城市工业和服务业的快速发展提供了丰富的劳动力资源。大量农村劳动力在保证粮食生产的前提下，每年进行“候鸟式”的农村劳动力大迁移。这成为我国人口迁移的一道奇观，为我国工业化和城市化做出了巨大的贡献。

第三，小农户是规模经营户等新型农业经营主体的重要来源。近年来，种粮大户、家庭农场等规模经营户在国家政策的扶持下得到快速发展。通过分析这些规模经营户的形成和发展过程，我们发现，他们大多由小农户发展而来。据统计，全国耕种面积 50 亩以上的规模经营农户数量已超 400 万，这些规模经营户大多数起源于家庭承包农户。例如在这 400 万规模经营农户中大约有 50 万户家庭农场，它们之中的 80%以上都是由本村的承包农户发展而来的。①

第四，小农户是维护社会和谐稳定的“稳定器”。改革开放以来，我国农村社会普遍形成了“年长者在家务农、年轻者外出务工”的“以代际分工为基础的半工半耕”小农经济组织结构。这得益于家庭联产承包下的农村土地集体所有制。数以千万计的农民在保证基本农业生产的基础上，通过外出务工获得额外的劳动报酬，提高自身的收入水平。倘若经济出现下行信号，他们也能有序回归到农村的生产生活中，不会影响社会的稳定。在我国城镇化的快速发展过程中，没有出现拉美国家普遍发生的贫民窟等现象，这充分说明在我国农村基本经营制度下，小农经济体系在社会稳定方面发挥了“蓄水池”和“稳定器”的作用，极大地维护了整个社会总体结构的稳定。

第五，小农户是中华农耕文明的传承者。纵观我国的历史，小农户在传承中华农耕文明、维护乡村治理稳定方面发挥了重要的作用。小农户不仅能够继承传统文化和农业生产知识，还有承载乡村旅游文化的重要功能。小农生产和社会生活的交融发展，形成了历史悠久的中国农业文明，这不仅对东亚和东南亚地区的文化产生了深远影响，还对世界文明的发展做出了巨大的贡献。小农生产始终强调顺应天时、讲求地利、重视人和，在朴素的哲学思想指导下创造了灿烂的中华农耕文明。

第六，小农户是生态文明发展建设的主体。小农生产对生态文明建设具有促进作用，二者的关系十分密切。小农户作为生态文明发展建设的主体，广泛采用“杂五种，以备灾害”的作物轮作、间作套种的种植方式，农桑并举，农业和畜牧业结合，为推进生态文明建设发挥了积极作用。小农生产顺应自然环境生态发展条件，生产了食物，养育了世代中华民族儿女，还建设维护了良好的生态系统。因此，小农生产是一种有利于自然资源可持续利用的生产方式。

---

① 张红宇．大国小农：迈向现代化的历史抉择［J］.求索，2019（1）：68-75.

第三节 小农户的分化及其与现代农业衔接的路径选择

一、当代中国小农户的分化

（一）小农户分化现状

“小农户分化”指的是农户随着经济社会的发展而出现多元化发展的现象，即由过去以结构单一、从事农业劳动为主的一类主体逐渐演变为一种从事多种生产经营的多元化结构的现象①。小农户分化是一种动态发展过程，是推动我国经济增长和产业结构优化的重要动力源泉，我国改革开放40余年取得的经济成就，离不开小农户分化为工业化发展做出的贡献。对于小农户分化产生的原因，有部分学者认为是小农户出于规避风险而对家庭成员进行内部分工所致；也有部分学者认为是人口流动政策放松带来的结果；还有部分学者认为是农业生产率提高导致农业劳动力过剩，促使部分农业劳动力向城市转移，因而出现了明显的分化。对于小农户分化的现状，目前大多数学者通过划分农户的类型来表征小农户分化的程度。首先，从农户从业收入的角度划分不同类型的农户；其次，分析小农户与农业生产经营活动的联系，进一步分析可能产生的职业分化趋势。如表1-2所示，1996—2016年，我国农户的家庭总收入结构不断发生变化，最显著的特点就是家庭经营收入（农业经营收入）占比下降；反之，包括工资性收入在内的非农业收入占比上升。农户家庭收入的结构变化充分反映了其分化的状况，也就是说，一部分农业劳动力已经从原来的农业经营领域转移出来，形成了明显的职业分化，并且

① 杨磊，徐双敏．中坚农民支撑的乡村振兴：缘起、功能与路径选择［J］.改革，2018（10）：60-70.

有效地融入了社会化分工的大潮。

表 1-2　1996—2016 年全国农村居民从业收入及其构成

单位：元,%

年度	从业总收入	工资性收入	家庭经营收入	农业净收入	非农业净收入
1996	1813.29（100）	450.84（25.0）	1362.45（75.0）	1099.04（60.6）	263.41（14.4）
1997	1987.27（100）	514.55（25.9）	1472.72（74.1）	1168.08（58.8）	304.64（15.3）
1998	2039.58（100）	573.58（28.1）	1466.00（71.9）	1136.21（55.7）	329.79（16.2）
1999	2078.62（100）	630.26（30.3）	1448.36（69.7）	1086.18（52.3）	362.18（17.4）
2000	2129.57（100）	702.30（33.0）	1427.27（67.0）	1090.67（51.2）	336.60（15.8）
2001	2231.53（100）	771.90（34.6）	1459.63（65.4）	1126.55（50.5）	333.08（14.9）
2002	2326.76（100）	840.22（36.1）	1486.54（63.9）	1134.99（48.8）	351.55（15.1）
2003	2459.66（100）	918.38（37.3）	1541.28（62.7）	1195.58（48.6）	345.70（14.1）
2004	2744.25（100）	998.46（36.4）	1745.79（63.6）	1398.05（50.9）	347.74（12.7）
2005	3019.06（100）	1174.53（38.9）	1844.53（61.1）	1469.60（48.7）	374.93（12.4）
2006	3305.76（100）	1374.80（41.6）	1930.96（58.4）	1521.30（46.0）	409.66（12.4）
2007	3789.89（100）	1596.22（42.1）	2193.67（57.9）	1745.12（46.1）	448.55（11.8）
2008	4289.29（100）	1853.73（43.2）	2435.56（56.8）	1945.85（45.4）	489.71（11.4）
2009	4588.03（100）	2061.25（44.9）	2526.78（55.1）	1988.17（43.3）	538.61（11.8）
2010	5263.85（100）	2431.05（46.2）	2832.80（53.8）	2231.01（42.4）	601.79（11.4）
2011	6185.41（100）	2963.43（47.9）	3221.98（52.1）	2519.91（40.7）	702.07（11.4）
2012	6980.83（100）	3447.46（49.4）	3533.37（50.6）	2722.20（39.0）	811.17（11.6）
2013	7497.30（100）	3652.50（48.7）	3934.80（52.5）	2839.80（37.9）	1095.00（14.6）
2014	8389.60（100）	4152.20（49.5）	4237.40（50.5）	2998.60（35.7）	1238.80（14.8）
2015	9103.90（100）	4600.30（50.5）	4503.60（49.5）	3153.80（34.6）	1349.80（14.9）
2016	9763.10（100）	5021.80（51.4）	4741.30（48.6）	3269.60（33.5）	1471.70（15.1）

资料来源：郭庆海．小农户：属性、类型、经营状态及其与现代农业衔接［J］.农业经济问题，2018（6）：25-37.

注：1. 表中括号内数字是各部分收入占从业总收入的比重，农业净收入即第一产业净收入，非农业净收入指家庭经营中二、三产业的净收入；

2. 表中收入构成的关系是：从业总收入=工资性收入+家庭经营收入，其中家庭经营收入包括农业净收入和非农业净收入。

（二）小农户的分类

按照一定的标准对小农户进行分类，是描述小农户分化现象的重要手段。目前学术界一般把农户分为四种类型，即所谓的“四分法”。具体而言，就是根据农户维持生计的基本需要，按照农业收入占家庭总收入的不同比重进行分类，将小农户分为纯农户（农业收入占家庭总收入的 80% 以上或 95% 以上）、农业兼业户（一兼农户，即以农业收入为主的兼业户，农业收入占家庭总收入的 50%~80%或 50%~95%）、非农兼业户（二兼农户，即以非农收入为主的兼业户，农业收入占家庭总收入的 20%~50%或 5%~50%）和非农户（农业收入占家庭总收入的 20%以下或 5%以下）四种类型（见表 1-3）。

表 1-3　两种农业收入占比不同的农户划分标准

标准一				标准二			
纯农户	农业兼业户	非农兼业户	非农户	纯农户	农业兼业户	非农兼业户	非农户
80%以上	50%~80%	20%~50%	20%以下	95%以上	50%~95%	5%~50%	5%以下

在实务工作中也有把农户分成三类的，如在我国农业普查中，首先根据产业结构的不同对农村住户分为农业户和非农业户，然后再按家庭经营的兼业情况将农业户分为纯农业户、农业兼业户、非农兼业户三类。

二、 本书对小农户的分类

相关学者的研究对现阶段我国农户分化的现状及其产生的原因进行了深入的分析，为我们准确理解小农户分化的现实依据和发展趋势提供了重要的借鉴意义。在借鉴相关研究对小农户的分类标准的基础上，本书将从小农户的经营意愿和持地意愿①的差异这一新的分类标准出发，将西南农村地区小农户分为发展型小农户、经营型小农户、兼业型小农户和退出型小农户，如图 1-1所示。从经营意愿和持地意愿进行分类，一方面不仅可以从小农户最在意的两个方面考察其真实的经营动机，还可以较为准确地揭示其未来持续经营的意愿，对于我们分析其未来的发展趋势、选择精准的扶持措施具有重要的参考意义；另一方面，实现了与既有农户分类标准的对话，有利于从操作层面推进小农户与现代农业衔接的既有研究。

		持地意愿	
		弱	强
经营意愿	弱	退出型小农户	兼业型小农户
	强	经营型小农户	发展型小农户

图 1-1　本书对小农户的分类

（1）发展型小农户②：是指具有强烈经营意愿和持地意愿的小农户，这类小农户家庭总收入中的大部分来自农业经营收入。发展型小农户的家庭劳动力一般比较充裕，部分劳动力（主要是青壮年劳动力）在农闲期间可以外出务工或在本地从事二、三产业的工作，以获得更高的家庭总收益。发展型小农户通常具有较强的从事农业生产经营的意愿，也希望能通过土地流转等方式扩大经营规模。相对于其他小农户，发展型小农户拥有一定的比较优势，拥有更丰富的资金、更先进的生产技术和更成熟的管理经验，农业生产逐渐向市场化、专业化、集约化方向发展。这类小农户是重点扶持对象，他们中的大部分未来可以向专业大户或家庭农场转变，或者与新型农业经营主体形

① 衡量小农户的经营意愿和持地意愿，可以通过分析小农户对调查问卷中相应问题的不同回答来实现。在本研究的问卷中我们设计了小农户在未来是否有意向继续从事农业经营和继续持有承包地的相关问题来考量小农户的经营意愿和持地意愿。同时还可以通过其他问题，如小农户的内在特征、生产特征、经营规模、土地的流转等相关问题加以佐证。具体可参见本书附录 1 中的调查问卷。

② 这类小农户由经营意愿和持地意愿均为强烈的纯农户和农业兼业户（即一兼农户）组成。新的分类标准能较为准确地揭示其从事农业经营的真实意图。

成稳定的利益共同体，是未来农村地区从事农业生产的重要经营主体。

（2）经营型小农户①：是指具有从事农业经营意愿的小农户，该类小农户的家庭全部或主要劳动力都从事农业生产经营活动，且家庭总收入主要源于农业经营收入。这类小农户之所以仍然以农业为主业，主要受以下几种因素的制约：一是缺乏青壮年劳动力，家庭成员由于年龄的原因无法外出务工；二是家庭成员因身体残疾、疾病等原因无法从事非农领域的工作；三是因为懒惰等主观因素不愿从事非农工作，只能从事农业生产。

（3）兼业型小农户②：是指有较高的持地意愿、不愿意退出承包经营权，但主要劳动力已经脱离了农业生产经营，农业经营收入占家庭总收入的比例较低，而以兼业收入为主的小农户。一般而言，兼业型小农户由于长期在城市务工，其人力资源水平相对较高。不管是为获取更高收入水平还是为实现自己的理想抱负，他们通过在城市中的历练，已经具有一技之长，并且逐步适应了城市生活节奏和就业环境，初步获得了进入城市生活的“通行证”。在逐渐融入城市生活的同时，很多小农户已经购置了自己的房子，初步享受与城市居民同等条件的教育、医疗等社会资源，逐渐过渡为真正意义上的城市居民。

（4）退出型小农户③：是指不愿从事农业经营，在一定条件下愿意退出承包经营权的小农户。其家庭全部或主要从事非农业生产活动，家庭总收入全部或主要来自非农业收入、转移性收入或兼业收入。这类小农户在很多情况下已经完全脱离农业生产，但是我们仍然把他们看作农业从业者，原因是这些小农户的全部或部分家庭成员的户籍仍然保留在农村，有些小农户还保留着自己的承包地。退出型小农户已经基本融入了城镇化的进程，成为一定意义上的城镇居民。

---

① 这类小农户一般由部分经营意愿较强的纯农户和部分农业兼业户（即一兼农户）组成，他们之所以仍然以农业经营为主，是因为受到诸多因素的制约，不一定是自己主动为之。

② 这类小农户主要由非农兼业户（即二兼农户）构成，通常已经很少从事农业经营，但是持地意愿还比较强，短时间内还不愿意放弃土地承包权。

③ 这类小农户主要由非农户构成。

三、 不同类型小农户与现代农业有机衔接的路径选择

针对当前我国农户分化的现状及其未来的发展趋势，我们认为，政府需要采取必要的措施，因地制宜、分类施策，对不同类型的农户予以差别化的扶持与引导，探索出一条多元化、混合型发展的道路，以促进不同类型的小农户顺利融入现代农业的发展轨道。

第一，提升发展型小农户的生产经营能力，促进其转型升级。发展型小农户是最应该受到高度关注的类型，因为他们是我国未来从事农业生产经营的主体，具备成长为家庭农场等新型农业经营主体的基础和条件。目前，发展型小农户仍然面临诸多问题，如组织化程度不高、缺乏足够经营资金、市场风险大，以及社会化服务供给不足等，因而要采取多种形式的措施来提升其内在发展能力。首先，要加强对发展型小农户的培训。要完善各种教育培训体系，建立职业农民培训学院等专门机构，推动涉农院校开展职业培训，有针对性地对发展型小农户开展技术培训，增强其与现代农业衔接的能力。其次，要把发展型小农户组织起来。要引导小农户开展与其他农业经营主体的多元化合作和联合，创造条件促进小农户加入农民合作社，鼓励龙头企业等新型农业经营主体与小农户建立利益联结机制、形成稳定的利益共同体。再次，要把发展型小农户与现代农业产业链深度融合。要鼓励小农户发展适合自身特点的新产业、新业态，把发展型小农户纳入现代农业产业体系中。最后，要为发展型小农户提供完善的农业社会化服务。要发展多层次的农业生产服务，解决单个经营型小农户难以解决的问题，帮助其嵌入现代农业轨道。政府及相关农业服务主体要加强对发展型小农户农业技术、质量标志、农产品营销等方面的服务，促进小农户积极参与到现代农业的产业体系中，使发展型小农户的成员逐步转型为符合现代农业要求的新型农民、职业农民。

第二，扶持经营型小农户，引导其主动融入现代农业的发展轨道。经营型小农户是与现代农业有机衔接难度最大的群体。这类小农户的家庭劳动力

通常为中老年人，很多时候从事农业生产经营并不是出于自愿，而是不得已而为之。因此，需要给予其更多的关心和帮助。对于实在缺失劳动能力的小农户，可以进行土地托管等全程性、“一条龙”式的农业社会化服务，让劳动力从农业生产经营中解脱出来，使其能够通过外出务工获得更多的就业选择和职业发展空间。同时探索农民退休制度，保障老无所依的小农户的生活质量。对于还有发展能力的小农户，可采用多种形式带动其发展。一方面，可以引导小农户积极融入现代供应链的全流程，通过大力发展乡村旅游、观光农业、休闲农业等新产业、新业态为其提供更多的发展机会。另一方面，可以充分利用这些小农户拥有的土地等资源，引导其与新型农业经营主体开展多元化合作，探索建立“股份分红+社会保障”等利益联结机制。同时，为小农户在农闲时期创造第二、第三产业兼业工作，提高其农业经营以外的收益水平，通过多种形式的帮助和扶持措施，使其在发展现代农业过程中不掉队，并且与现代农业顺利衔接。

第三，引导兼业型小农户回归农业，通过发展特色农业产业获得发展。兼业型小农户的情况比较特殊，这类小农户的重心已经不在农业领域了。如果把他们重新纳入现代农业的发展轨道中，就必须给予其足够的政策支持，才能吸引其重新回归到农业生产经营当中。兼业型小农户长期在外务工，具备了丰富的从业经验，掌握了很多现代生产技术与经营管理经验，是一个比较容易接受新事物和掌握新技术的群体。因此，需要政府加快发展和完善农业基础设施，开设农业产业园，发展设施农业、创意农业、农事体验等新产业、新业态，为兼业型小农户提供资金、技术和管理经验，进而为其回乡发展创造良好机会，推动其回归农业、重新融入现代农业的发展轨道，成为我国现代农业建设的重要力量。

第四，给予退出型小农户选择的权利。一般来说，相对于其他三类小农户，退出型小农户的发展程度最高，也是未来城镇化发展的最主要潜在对象。对于具备条件也有意愿到城市工作生活的退出型小农户，应当为其创造条件，促进其有序转化为城市居民，让其能够享受与城市居民同等生活和工作的机会。首先，应该加快城镇户籍制度改革，使符合条件的退出型小农户在城市顺利落户，实现从农民到城市居民的转变。其次，要出台相应扶持政策，让小农户在城市里站稳脚跟，享受城市生活带来的各种便利。再次，要加强对退出型小农户的职业技术技能教育培训，使其能够在城市里顺利就业。最后，要完善退出型小农户的社会保障，解决其在城市生活工作的后顾之忧。而对于那些还想在农村从事农业经营发展的小农户，也要给予合理的引导和支持，引导他们带着资金、技术和经验回归农村，成为乡村振兴的重要力量。对于暂时不愿意放弃承包地的小农户，则可以通过土地全程化托管等农业社会化服务帮助其充分发挥土地的潜力，消除其在城市生活工作的顾虑，使其能尽快融入城市化的发展进程。

第二章　西南农村地区小农户的生产特征及其生产经营能力的提升

本章首先根据调研的数据从小农户内在特征、小农户经营规模、新型农业经营主体对小农户的带动、小农户生产中面临的困难及未来的经营意愿等方面剖析了其生产特征，探讨了西南农村地区小农生产的发展趋势及其应对策略；其次，分析了通过培训提升小农户的内在发展能力，以及引导小农户转型为家庭农场的必要性和可行性；最后，提供了两个小农户发展为家庭农场的典型案例，以辅助本章的论述。

第一节　西南农村地区小农户的生产特征及其发展趋势

一、西南农村地区小农户的生产特征

根据本书设定的研究对象，我们把调查的区域设定在广西①、云南和贵州三省区（以下简称“西南三省区”）。之所以选择该区域，主要出于两方面的考虑：一是西南三省区都是农业大省，在地理环境、自然资源、风俗习惯、经济基础和农业生产方式等方面具有很大的相似性，以该区域的小农户作为调查对象，能够使研究具有较强的典型性。二是本课题组成员大多来自该区

① 广西虽然不属于自然区划概念下的西南地区，但是从国家战略上，广西享受西部大开发的优惠政策，因而我们认为其在经济发展和政策区域上从属于西南地区。

域的高校及科研单位，因此出于研究的便利性，选定该区域进行研究可以方便成员之间展开调研及协作研究。

课题组于2019年7—10月组织了6名成员对西南三省区小农户的生产经营状况进行了实地调查。调查主要采取访谈和问卷调查的方法：一是对政府相关部门、新型农业经营主体和小农户代表进行访谈，共计12次。二是开展入户调查，采用调查员与小农户一对一的形式发放调查问卷，共计发放405份调查问卷，回收有效问卷348份，问卷有效率85.9%。

为了调查西南农村地区小农户的生产特征，课题组设计了有针对性的调查问卷。关于小农户生产经营的特征，课题组设计了15个相关问题，涉及小农户的内在特征、小农户的经营规模、新型农业经营主体对小农户的带动作用、小农户生产经营中面临的困难、小农户未来的经营意愿等方面；此外，还对小农户对于农民合作社和农业社会化服务的认知和态度进行了调查。① 通过这样相对全面的调查，可以大致勾勒出西南农村地区小农户的生产特征。

（一）小农户内在特征

1. 西南农村地区小农户的经营范围以务农为主，兼业为辅

绝大多数小农户仍然以家庭为基本生产单位，这是小农生产最基本的特征。按照本书对小农户的分类，在本次调查中，发展型小农户、经营型小农户、兼业型小农户和退出型小农户分别有91户、71户、156户和30户（见表2-1）。可以看出，兼业型小农户比重最大，说明在当前的农村地区小农户在保证基本农业收入的基础上，通过兼业工作提高家庭收入是普遍存在的现象。从家庭劳动力的分布来看，小农户的兼业行为同样突出。在被调查的小农户中，从事非农兼业工作的劳动力有390人，从事农业生产为主的发展型小农户的劳动力则有191人。从劳动时间分配来看，经营型小农户劳动力每年务农的时间最长，平均达到10.2个月；发展型小农户次之，平均每年会投

① 具体参见本书附录1中的调查问卷。

入8.9个月的时间从事农业生产；退出型小农户劳动力每年平均只有0.4个月从事农业生产，其主要从事外出务工等兼业工作，或者在本地寻求二、三产业的就业机会。

从家庭劳动力的性别分工来看，发展型小农户和经营型小农户劳动力的分工比较平均，男性和女性各占约一半；而兼业型小农户和退出型小农户劳动力的男女分工明显，尤其在兼业型小农户劳动力中，男性占比超过80%。由此可见，西南农村地区小农户从事非农工作以男性为主，女性进入非农劳动力市场还存在一定的障碍，需要把更多的时间和精力放在照顾家庭上面。

表2-1　调查中小农户的经营特点

项目		发展型小农户	经营型小农户	兼业型小农户	退出型小农户	总计
小农户数量/户		91	71	156	30	348
劳动力人数/人		191	121	390	81	783
平均务农时间/月		8.9	10.2	5.6	0.4	9.1
性别占比/%	男	51.4	49.2	81.2	56.4	59.5
	女	48.6	50.8	18.8	43.6	40.5
	总计	100.0	100.0	100.0	100.0	100.0

资料来源：根据课题组问卷调查所得数据统计。

2. 西南农村地区小农户的人力资源禀赋相对较低

从劳动力年龄结构来看，不同类型的小农户均存在不同程度的老龄化现象。如表2-2所示，经营型小农户劳动力老龄化最为严重，年龄在60岁以上的劳动力占全部劳动力的33.1%，40岁以下的劳动力仅占16.7%。相比之下，兼业型小农户和退出型小农户具有明显的年龄优势，这两类小农户的劳动力主要是以青壮年为主，其40岁以下的劳动力占比均超过70%，而60岁以上的劳动力分别占2.4%和4.3%。调查结果表明，西南农村地区存在比较严重的农村“空心化”和农业“老龄化”现象。青壮年劳动力普遍不愿意从事务农活动，至多在农忙期间回去帮一下忙，留下中老年劳动力在家从事农业生产经营。

从受教育程度来看，经营型小农户劳动力的文化程度最低，63.5%的劳动力受教育程度为小学及以下。而在退出型小农户的劳动力中，受过高中及以上教育的人数超过50%，达到大专及以上文化程度的劳动力超过20%。由此可见，人力资源禀赋是制约小农户发展现代农业的关键因素，亟须对西南农村地区小农户，尤其是发展型和经营型小农户进行教育培训，提高其生产经营能力。

表 2-2 调查中小农户的人力资源禀赋情况 （%）

项目		发展型小农户	经营型小农户	兼业型小农户	退出型小农户	总计
家庭成员年龄	30 岁以下	13.4	4.5	39.4	44.9	24.7
	30~40 岁	23.1	12.2	31.4	37.1	26.0
	41~50 岁	28.2	23.5	18.2	8.1	17.7
	51~60 岁	20.5	26.7	8.6	5.6	18.0
	60 岁以上	14.8	33.1	2.4	4.3	13.7
	总计	100.0	100.0	100.0	100.0	100.0
家庭成员受教育程度	小学及以下	51.1	63.5	36.6	20.1	42.8
	初中	31.2	27.5	33.4	23.6	28.9
	高中	15.4	9.0	25.3	34.3	21.0
	大专	2.3	0.0	3.5	12.3	4.5
	大学及以上	0.0	0.0	1.2	9.7	2.7
	总计	100.0	100.0	100.0	100.0	100.0

资料来源：根据课题组问卷调查所得数据统计。

3. 西南农村地区小农户的家庭收入水平呈现出明显的结构性差异

如表 2-3 所示，从总体收入水平来看，全部小农户家庭平均收入为 29278 元，收入构成来源主要有务农收入、非农就业收入和转移性收入等。如果区分贫困户和非贫困户，则贫困户家庭平均收入为 12194 元，非贫困户家庭平均收入为 35942 元，差距较大。非贫困户的平均劳动力更多，户均劳动力为 2.6 人，贫困户只有 1.7 人。贫困户务农收入占比相对较低，这表明贫困户在发展农业新产业、新业态方面受到了制约，务农收入并没有明显提高。而非贫困家庭不仅可以从外出工作等兼业活动中获得收入，还可以通过农业规模化经营大幅增加农业经营收入，因此他们的农业收入远远高于贫困家庭。

从家庭收入的结构来看，不同类型的小农户会根据自身的需求配置劳动力，通过不同的途径获得相应的收入。调查结果显示，这四类小农户的家庭收入水平和收入结构均有所不同。首先，兼业型小农户家庭收入水平最高，家庭总收入达到41275元。而且，这类小农户的平均劳动力数量显著高于其他两类仍然从事农业经营的小农户。该类小农户的务农收入为4806元，低于发展型小农户和经营型小农户。但是，该类小农户的非农就业收入达27284元，对提高家庭总收入有很大的贡献。其次，经营型小农户主要以农业收入为主，由于缺乏其他收入来源，其家庭平均收入只有18679元，显著低于其他三类小农户。发展型小农户和兼业型小农户都有兼业收入，但是这两类小农户的家庭收入水平却出现较大差别，分别为27390元、41275元。造成如此大差别的主要原因，在于兼业型小农户的非农就业收入大幅超过发展型小农户。

表2-3　调查中小农户的家庭收入情况

项目		发展型小农户	经营型小农户	兼业型小农户	退出型小农户	是否贫困户	
小农户类型/户		91	71	156	30	是	否
家庭平均收入/元	29278①	27390	18679	41275	39253	12194	35942
务农收入/元	7821	18703	17100	4806	—	3519	14503
非农就业收入/元	9812	8143	—	27284	32286	6435	19773
转移性收入/元	1346	544	1571	3402	6989	2241	1667
平均劳动力/人	2.4	2.1	1.7	2.5	2.7	1.7	2.6

资料来源：根据课题组问卷调查所得数据统计。

注：①此列数字为调查中所有小农户的该项指标的平均数，例如，29278即为调查中所有小农户家庭平均收入（元）的平均值，余同。由于多次四舍五入，此值与表中其他数据加和相除结果有出入。

(二)西南农村地区小农户的经营规模

1. 西南农村地区小农户以小规模家庭经营为主，但是通过土地流转出现了一定程度的规模经营趋势

如表2-4所示，从不同类型小农户的土地利用情况来看，经营型小农户的实际经营面积为4.63亩。同样以务农为主业的发展型小农户的实际经营面积则达到9.15亩，已呈现出一定程度的规模经营，这类小农户流入土地面积和实际经营面积都明显高于其他三类小农户。由此可见，发展型小农户应该成为未来我国主要农业经营主体的重点扶持对象。兼业型小农户农业经营面积最少，实际经营面积仅为2.76亩，其经营的重心已经不在农业领域，农业生产仅仅为了满足家庭日常所需。令人略感意外的是，退出型小农户的流入面积显著高于兼业型小农户，甚至高于以农业经营为主的经营型小农户。经过分析，我们认为是部分以非农就业为主的退出型小农户返乡经营农业所致。这表明，由于国家不断加大农业扶持力度，外出务工人员有返乡重新经营农业的趋势。

表2-4 调查中小农户的家庭土地利用情况

项目	平均值	发展型小农户	经营型小农户	兼业型小农户	退出型小农户
承包地面积/亩/户	2.93	3.62	2.82	2.23	2.04
承包地面积/亩/人	0.91	1.31	1.23	0.82	0.67
实际经营面积/亩/户	5.21	9.15	4.63	2.76	5.71
流入面积/亩/户	2.28	5.53	1.83	0.53	3.67

资料来源：根据课题组问卷调查所得数据统计。

注：表中“平均值”指的是调查中所有小农户的平均值，而不是后四项的平均数。

2. 小农户之间的土地流转以小规模、非正式流转为主

小农户通过土地流转扩大经营规模是一种普遍的做法。根据调查统计，参与调查的348户小农户中有114户参与了土地流转，占比32.8%，还有约67.2%的农户未参与土地流转。从流转的方式来看，目前土地流转大多为农

户之间的私下协议，很多农户之间小规模土地流转不需要支付租金，但是大规模的土地流转需要支付租金。总体来看，土地流转的平均租金为每亩426元。对于小农户而言，这个价格是较高的，需要大幅提高农业生产效率才能获得盈利。此外，政府需要对小农户在土地流转方面给予资金和政策上的扶持，否则仅靠小农户自我发展很难获得良好的效果。参与调查的小农户生产过程中具体的流转情况如表2-5所示。

表2-5　调查中参与不同数量土地流转的小农户的流转情况

项目		1~5亩	6~10亩	10亩以上
是否有租金/%	有	21.2	35.3	—
	无	78.8	64.7	—
平均租金/元/亩		512	302	—
数量/户		91	23	0

资料来源：根据课题组问卷调查所得数据统计。

（三）新型农业经营主体对小农户的带动作用

新型农业经营主体在学术界被视为带动小农户发展现代农业的重要力量。一般情况下，我们认为专业大户、家庭农场、农民合作社、龙头企业和专业社会化服务组织等都属于新型农业经营主体的范畴。从发展的趋势看，小农户未来的发展方向是家庭农场，其他一些有经营意愿但不能转变为家庭农场的小农户也可以通过接受多种形式的农业社会化服务实现与现代农业的衔接。调查结果显示，已有部分农户与各类新型农业经营主体形成了一定程度的合作，有12.1%的小农户已经加入农民合作社，有13.2%的小农户接受了龙头企业的带动，有15.5%的小农户从农业社会化服务组织那里获得了生产经营所需的服务。如表2-6所示，不同类型的小农户受新型农业经营主体带动的比例有很大的差别，总体来看，发展型小农户和经营型小农户参与程度要比另外两类农户高，这是由其主要从事农业经营活动的生产特点决定的。

从小农户接受新型农业经营主体带动的意愿来看，农民合作社最受欢迎，有

51.6%的农户愿意加入合作社，这与近年来政府加大对农民合作社的指导和扶持有关。但是，仍然有8.3%的农户表示不需要任何新型农业经营主体的带动，针对这点政府仍需加强对小农户的宣传教育并落实好相关的扶持政策。①

表2-6 调查中小农户接受新型农业经营主体带动的行为与意愿 (%)

项目		发展型小农户	经营型小农户	兼业型小农户	退出型小农户
已经加入农民合作社		29.5	21.2	12.2	9.1
已经接受龙头企业带动		17.2	11.3	4.0	13.1
正在使用农业社会化服务		20.6	10.4	12.7	6.3
希望接受带动方式	农民合作社	56.3	48.2	40.6	40.3
	龙头企业	31.5	17.8	30.3	16.2
	农业社会化服务组织	15.3	9.1	13.1	6.2
	不需要	4.3	11.3	5.2	—

资料来源：根据课题组问卷调查所得数据统计。

（四）西南农村地区小农户生产经营中面临的困难

如图2-1所示，资金不足仍然是制约小农户进一步发展的首要因素，调查中有高达78%的农户认为缺乏足够的资金扩大经营规模；有60%的小农户认为种子、化肥、农药等生产资料价格日益增高导致生产成本过高，这是制约其发展的第二大因素；缺乏技术是制约农户发展的第三大因素，有56%的小农户因年龄、学历所限难以获得提高农业生产水平的技术。此外，劳动力不足、基础设施落后、产品销售难、土地流转难也是制约小农户扩大经营规模的重要因素。因此，要通过提升小农户内在的发展能力、增强新型农业经营主体对小农户的带动，以及政府采取相应的措施才能消除这些障碍，进而引导小农户与现代农业有机衔接。

① 本书将在第五章第二节对西南农村地区小农户接受农业社会化服务的意愿、影响因素及政策建议进行实证分析。

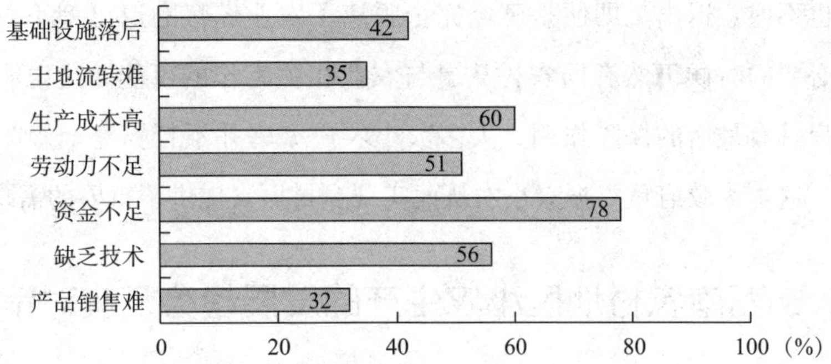

图 2-1　调查中小农户扩大经营规模面临的困难

资料来源：根据课题组问卷调查所得数据统计。

（五）西南农村地区小农户未来的经营意愿

调查数据显示，超过 70%的小农户愿意在未来继续从事农业生产工作（见图 2-2）。其中，有 31.4%的小农户愿意保持现有规模继续经营，也有 40.1%的小农户愿意通过土地流转等方式进一步扩大经营规模。但是，不愿意继续从事农业经营的小农户也占到了 28.5%。在这些小农户里，部分小农户因为年龄过大或缺乏劳动力已经不具备继续从事农业生产的条件，还有部分小农户已经举家搬迁到城镇生活、就业，脱离了农业生产活动。

对于是否继续持有承包地，超过 2/3 的农户表示，即使政府或村集体提

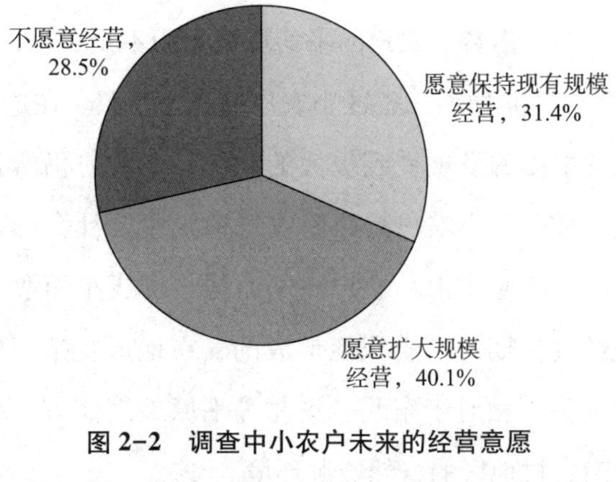

图 2-2　调查中小农户未来的经营意愿

供补偿也不愿意退出。即便是已经完全脱离了农业经营的退出型小农户，也表示在必要的时候仍然有回农村从事与农业相关工作的可能。这说明，土地对小农户具有最后的保障作用，大多数小农户家庭并不打算完全永久性地退出农业，这也为政府重点振兴小农从而实现乡村振兴提供了重要的需求基础。

二、西南农村地区小农生产的发展趋势及应对策略

（一）西南农村地区小农户的发展趋势

在我国中部、东部相对发达的地区，伴随工业化和城镇化的发展，农业人口不断向城市转移，小农户的数量逐渐减少。但是，国内外实践证明，小农户的减少并非意味着其作为一个社会群体必然消失或解体，也并非意味着这一群体不再需要政策支持和保护，更不意味着小农户不能与现代农业衔接。尤其对于经济相对落后的西南农村地区，小农户还会在未来长期存在。

1. 小规模家庭生产仍是西南农村地区的主要经营方式

首先，西南农村地区小农户仍然以家庭为基本单位从事小规模农业生产经营。西南三省区的农业用地大多是高原、丘陵和盆地，交通不便，农业基础设施相对落后，因此形成了以种养业为主、市场化和商品化水平相对低下、一定程度上自给自足的小农生产模式。其次，小农户是西南农村地区农业经营的基本主体，但绝大多数小农户的平均耕地面积不足 3 亩，“人均土地不足 1 亩，户均不足 3 亩”是西南三省区小农户的真实写照。在这种土地资源条件下，新型农业经营主体的发展受到极大的制约，小农户仍然是从事农业生产经营的主要力量。最后，小农户是西南农村地区主要社会形态的重要组成部分。西南三省区的村落通常由小农户比邻而居，形成小而散的生产和生活形态。这种形态是经过长期的历史积淀形成的，在地形复杂、自然灾害频繁的山区具有特殊的优势。相对于东北、华北等平原地区而言，小农户的生产经营模式更适应西南农村地区的自然资源环境。

2. 西南农村地区小农户已出现明显分化趋势

正如前文所分析的，在当前城镇化和现代化的大背景下，小农户已经出现了明显的结构性分化。我们认为，现阶段西南三省区的小农户已经分化形成了发展型小农户、经营型小农户、兼业型小农户和退出型小农户四种类型。这四种类型的小农户在当前西南农村地区同时存在，并表现出明显的继续分化的趋势。小农户生产从小规模、单一化向专业化、适度规模的经营方式转型，并在这个过程中不断创新发展。产生这种分化的原因，既有小农户内部要素资源优化配置的需求，也有大量劳动力流向城市而导致小农户家庭劳动力结构发生变化的外在因素。但是，如果从另一个视角来看，部分小农户的退出也为我国土地的规模化和多种形式规模经营的发展提供了很好的契机。此外，小农户的分化也为向生产成本更低的农业经营模式的转变提供了基础，为愿意和能够从事农业经营的小农户进一步扩大生产经营规模提供了机会。

3. 发展型小农户在未来农业农村现代化发展中应该成为重要的经营主体

在小农户分化过程中，发展型小农户进入了加速发展的关键时期，以农业为主的兼业型小农户也出现了向发展型小农户转变的趋势。针对这样的发展趋势，保护传统小农户的政策必须有更精准的价值导向。保护小农户的利益并不等于保护低效粗放的农业经营，而是要有效促进小农户的发展，支持传统小农向现代小农转变。国内外实践表明，减少小农户的数量与小农户转型发展可以并存，小农户生产与发展现代农业可以并存，必然的发展趋势正使自给自足的传统小农户不断向现代小农户升级。长远来看，现代小农户就是与现代农业相联系的小农户，在政策的支持下，他们能够合理利用现代农业所提供的便利性、高效性和安全性，逐步成长为现代农业发展的重要主体。

（二）应对策略

我们建议，通过实施精准有效的措施，四类小农户都可以实现与现代农业的有机衔接。但是，对于不同类型的小农户，衔接的方式不能“一刀切”，而是要因地制宜、分类施策，充分尊重小农户的经营意愿，不能强制小农户退出土地承包经营权。要达成这样的效果，粗略的思路有以下三点：一是对于兼业型小农户和退出型小农户，我们应该向其提供土地流转的机会，如代耕代种等生产性农业服务，或者引导其出租土地或入股到合作社及龙头企业中，甚至可以在一定补偿条件下引导其自愿退出承包地。二是对于那些缺乏足够劳动力的经营型小农户，如主要靠老人、妇女经营的小农户，可行的方式是向其提供全程社会化服务，以解决这类小农户劳动力不足的问题。三是对于发展型小农户，需要给予其重点扶持，可以为其提供参与纵向或横向合作的机会，如帮助其创建或加入农民合作社，与龙头企业合作形成稳定而紧密的利益联结机制，充分利用互联网电商平台等途径建立与市场对接的完善机制，利用农业生产性社会化服务提升生产效率等。这三点思路可以帮助各类小农户顺利实现与现代农业的有机衔接。

第二节　提升小农户的生产经营能力

促进小农户与现代农业有机衔接，首要的问题就是如何提升小农户的内在发展能力。首先，要加强对小农户的培训，通过多种形式的培训，提升小农户的种植养殖和经营管理等方面的能力，引导小农户发展成为新型职业农民①。其次，要扶持小农户向家庭农场等新型农业经营主体转变。国内外实践证明，家庭农场应该成为小农户特别是发展型小农户未来的发展方向。政府可以采取多种措施，鼓励有稳定务农意愿的小农户逐步扩大规模，成长为规模适度、生产集约、管理先进、效益明显的小规模家庭农场，此为一条行之有效的发展路径。

一、通过教育培训提升小农户的内生发展能力

舒尔茨指出，通过开展教育培训、改善医疗卫生水平等方式可以提高农民的人力资本水平，这是促进传统农业向现代农业转变的重要举措。发展现代农业的基本主体是小农户，因此培育高素质的小农户是实现农业农村现代化的关键所在。在美国，90%的家庭农场主具有高中及以上文化；在荷兰，90%的农民受过中等教育；法国农民一般具有高中或大专文化；日本、韩国的农民普遍高中毕业。② 这表明，农业经营从业者的素质在一定程度上决定了农业效益的高低。农业能否实现现代化，很大程度上取决于农业经营者的素质。

因此，提升小农户自我发展能力是促进其衔接现代农业的关键举措。首先，政府要加大对小农户补贴的力度，引导小农户进行新技术培训，支持地方政府开展农民夜校、田间学校等培训形式。在培训内容上，应选择小农户

---

① 在中央的政策文件里，曾经提出“职业农民”和“新型农民”的概念。其中，“职业农民”由原农业部在《关于实施农村实用人才培养“百万中专生计划”的意见》中首次提出，“新型农民”被写入2007年中央一号文件当中。而“新型职业农民”这个概念被首次写入中央一号文件是在2012年，之后中央就一直沿用“新型职业农民”这个提法。一般认为，新型职业农民是以农业为职业、具有相应的专业技能、收入主要来自农业生产经营，并达到相当水平的现代农业从业者。新型职业农民具体来说可分为生产经营型、专业技能型和社会服务型三种类型。第一类主要包括专业大户、家庭农场主、专业合作社带头人等。第二类是在新型生产经营主体中专业从事某一方面生产经营活动的骨干农业劳动力，主要包括农业工人、农业雇员等。第三类主要包括跨区作业农机手、专业化防治植保员、村级动物防疫员、沼气工、农村经纪人、农村信息员及全科农技员等。新型职业农民概念的提出，意味着“农民”是一种自由选择的职业，而不再是一种被赋予的身份。

② 蔺全录，包惠玲，王馨雅．美国、德国和日本发展家庭农场的经验及对中国的启示［J］.世界农业，2016（11）：156-162.

急需的种养技术、经营管理、污染治理等内容进行培训。已经开展的新型职业农民培育工程和新型农业经营主体培育工程，要把小农户作为重点培训对象，帮助小农户逐步发展成为新型职业农民。其次，农业院校及涉农职业院校等教育机构要充分发挥自身的优势，开展对农村实用人才和带头人的示范培训。最后，应鼓励地方政府采用补贴学费等激励措施，支持各类新型农业经营主体等社会主体对小农户进行技术培训①。

专栏 2-1　职业农民学院助力新型职业农民的培育②

2015 年 4 月 14 日，由原广西壮族自治区农业厅和玉林市人民政府共建的广西玉林职业农民学院，在玉林农业学校揭牌成立，成为全国第一所职业农民学院。该学院通过集中培训、流动教学和远程培训等形式开展工作，计划在 2015—2020 年培育 2000 名以上获得学历认证的新型职业农民。

此后，玉林市政府印发了《玉林市人民政府办公室关于加快培育新型职业农民的实施意见》（以下简称《意见》）。根据《意见》，玉林市力争到 2020 年培育认定 10000 名新型职业农民，其中生产经营型 6000 名、专业技能型 3000 名、专业服务型 1000 名。此外，还将发展 20 个教培机构、100 个建设实训基地，认定 100 名师资库教师。

一、优选对象，多方式培育

根据《意见》，玉林市新型职业农民的培育对象，将以种养大户、家庭农场主、农合社骨干和在各类新型农经体中稳定从事农业劳动、具有较高专业技能的农业技术工人、农业雇员，以及长期从事农业产前、产中、产后服务的农村经纪人、农村信息员、农事服务人员等为主，目的是让直接从事农业生产、迫切需要提升素质和生产技能的农民优先接受教育培训。

培训将推行“分段式、重实训、参与式”和“农民田间学校”的模式，并充分利用“智慧农民云平台”、中国农业大学远程教育网络平台等资源，开展在线教育培训、

① 中共中央办公厅，国务院办公厅．关于促进小农户和现代农业发展有机衔接的意见[EB/OL]．[2019-02-21].http：//www. gov. cn/zhengce/2019-02/21/content_5367487. htm.

② 玉林市力争到 2020 年培育认定万名新型职业农民 [EB/OL]．[2016-05-13].https：//www. sohu. com/a/75285893_381577.

移动互联服务、在线信息技术咨询、全程跟踪管理与考核评价等。同时，学院会加快建立健全网络课堂，实施“互联网+‘三农’”培育工程，根据不同产业、不同类型新型职业农民的从业特点及能力素质要求，制订培训方案，实行“生产经营型按产业区分、专业技能型按工种区分、专业服务型按岗位区分”的分类培训，做到“一班一案”。

二、完善培训体系，加大扶持力度

为完善培训体系，玉林市将统筹教育培训资源，发展一批专业教培机构，加快建成“市有培训中心、县有培训学校、乡镇有服务站”的三级教育培训网络体系，并在现代特色农业示范区、“一村一品”专业村、重点龙头企业、合作社示范社、示范性家庭农场等范围内建立现场教学点及实训基地。

此外，玉林市将通过产业扶持、科技支撑、金融支持、健全社会保障等方式，帮助新型职业农民做大、做强产业。其间，玉林市将统筹用于整合农村土地、建设高标准农田、治理农村河道、政策性农保、强农惠农补贴等项目的资金，向新型职业农民的生产区域和领办的经营主体优先倾斜；将组建农业专家服务团队，对新型职业农民实行结对挂钩、技术帮扶、入户指导，推行“专家+农技人员+新型职业农民+基地”模式，推动新品种、新技术率先在新型职业农民中实现转化和应用；将支持金融机构探索开展新型职业农民农村土地经营权和农民住房财产权抵押贷款试点，破解扩大生产融资难等问题。

二、 促进小农户发展成为家庭农场

小规模的家庭农场应该是未来我国从事农业经营的基本主体。《关于促进小农户和现代农业发展有机衔接的意见》明确提出，要实施新型职业农民培育工程。培训可以使一部分经营意愿比较强的小农户掌握现代农业的生产技术和经营管理技能，发展成为家庭农场。

（一）家庭农场是小农户发展的理想载体

1. 家庭农场的特征

培育未来的新型职业农民需要特定载体，而最理想的载体是家庭农场。

家庭农场是指以家庭成员为主要劳动力，从事农业规模化、集约化、商品化生产经营，并以农业收入为家庭主要收入来源的新型农业经营主体。一般而言，家庭农场需要具备以下几个特征：

第一，以家庭为生产经营单位。相对于其他新型农业经营主体，家庭农场最鲜明的特征是以家庭成员为主要劳动力，农忙季节可以有少量的季节性雇工；但如果规模过大，可能带来监督成本过高的问题。因此，家庭农场本质上仍是家庭经营，并没有改变我国的农村基本经营制度。

第二，以专业化农业生产为经营范围。家庭农场主要从事农业生产，其家庭收入也以农业收入为主，这是其区别于其他兼业农户的重要特征。同时，家庭农场的专业化生产程度和农产品商品率较高，与传统的家庭承包经营户有了很大的区别。家庭农场的收入主要依赖农业生产，这会促使其积极增加农业生产投入并采用新品种、新技术，从而明显提升资源要素利用的集约化水平，提高土地产出率，农产品的商品化水平也将大幅度提高。

第三，以适度规模经营为基础。家庭农场的经营通常要达到一定的规模，这是区别于传统家庭经营户的重要标志。至于多大规模才算家庭农场，目前无论是理论还是实践上都没有明确的标准。在实践中，大多数地区规定以“从事种植业的经营面积为 50 亩以上”作为家庭农场的标准，也有地方规定 100 亩以上。当然，各地的农业资源禀赋和发展的实际情况不同，实施不同的标准是可行的，家庭农场经营的规模并非越大越好。

第四，以市场化为导向。相比传统小农户，家庭农场具有明显的市场化取向，具有“经济理性人”的特征。不管是在产品销售方面，还是在生产要素的使用方面，家庭农场都与市场建立了密切的联系。在产品市场上，家庭农场会根据市场的需求开展生产；在生产要素市场上，家庭农场不仅能有效配置家庭内部拥有的各类资源，还可以根据自身的需求获得所需的资金、技术、土地等，通过这些资源来满足自己生产经营的需要。

2. 家庭农场是小农户发展的理想载体

首先，家庭农场的本质仍然是家庭经营，并没有改变家庭经营的内核，但是家庭农场与传统小农户又有着明显区别。一方面，家庭农场能够通过专业化经营发挥规模效应，降低生产成本；另一方面，家庭农场一般从事商品化农业生产，生产的农产品主要用于市场销售，可以大大提高其生产效率和收入水平，不再局限于自给自足式的农业生产。其次，农业生产本身受自然资源条件制约很大，具有很高的风险性，需要有适当的生产方式来降低农业生产的风险。家庭农场既可以发挥小农户家庭经营精耕细作的优势，又可以通过引进先进的农业生产技术，有效提高农业生产的效率。再次，家庭农场采用以家庭成员为主的适度规模经营，可以避免因大量雇工而出现的监督成本过高和劳动力效率低下的问题。由此可见，家庭农场既继承了传统小农户的优势，又能融入现代农业生产技术，对于现代农业的发展具有重要的意义。因此，为了给未来发展现代农业提供足够的经营主体，通过多种措施提升小农户自我发展能力，扶持那些既有从事农业生产经营意愿、又具有农业农村情怀的小农户并将其有序发展为家庭农场，不失为一个行之有效的发展方向。

（二）从小农户到家庭农场

1. 小农户转变为家庭农场具有理论上的可行性

家庭农场来源于传统家庭经营农户，同时具备传统小农和现代农业经营主体的优点。因而，有学者认为这是中国现阶段最适合的生产经营主体，对小农户与现代农业的有机衔接具有促进作用。① 家庭农场作为一种新型农业经营主体，能够把分散的小农户重新凝聚起来。家庭农场的出现并不意味着小农户已经消亡，反而能充分激发小农户重新焕发生机。一方面，家庭农场通过专业化分工提高了家庭经营的合作程度，而且家庭农场以家庭为经营单位，容易做出最有利于家庭利益的经营决策，提高家庭经营的生产效率和劳动效率。另一方面，小农户发展为家庭农场，必然要融入以工具理性为主导的现

① 杜志雄．家庭农场：乡村振兴战略中的重要生产经营主体［J］.农村经营管理，2018（2）：32.

代农业产业体系，小农户根据利润最大化原则组织农业生产、销售，可以大大提高其市场化和商品化程度。同时，家庭农场主仍然可以以农村地区熟人社会为根基，发挥传统的“道义”和“情感”原则，使家庭农场仍然依附于土地和农业上的文化传统和社会价值，从而实现传统与现代化的有机统一。总之，小农户演化发展为家庭农场，不仅可以保留传统农业的根基，也能有效融入现代农业的发展趋势。

2. 小农户转变为家庭农场需要国家政策的支持

小农户转变为家庭农场，不仅需要小农户自身的努力，更需要政府给予确实的支持。首先，要加快培育家庭农场，全面提升家庭农场经营者素质和能力，增强家庭农场在市场中的经营活力，把提升家庭农场的发展质量和效益放在重要的位置上。其次，需要政府出台精准的政策。综观当今世界各国的实践，由于农业的弱质性、外部性和较低的劳动生产率，对农业和农村的发展给予充分的扶持是普遍的做法。家庭农场的发展也不例外，需要政府的大力支持才有可能获得快速的发展。近年来，中央陆续出台了多项政策，把家庭农场作为重要的新型农业经营主体和把农民组织起来的重要载体来培育。2013 年中央一号文件提出要鼓励发展家庭农场，2014 年原农业部下发了《关于促进家庭农场发展的指导意见》，提出了有关扶持政策、社会化服务等方面的指导性意见。2020 年农业农村部印发了《新型农业经营主体和服务主体高质量发展规划（2020—2022 年）》①，提出了发展家庭农场需要完善支持政策和强化保障措施，包括支持家庭农场采用先进技术和装备，开展产地初加工和主食加工，开展绿色食品、有机食品、地理标志农产品认证和品牌建设，提升绿色化标准化生产能力；引导家庭农场领办或加入农民合作社，积极与龙头企业、社会化服务组织建立利益联结机制，创新家庭农场与农批市场、大型商超的合作模式，保障生产与销售渠道高效对接；加强现代化新技术、

① 农业农村部．关于印发《新型农业经营主体和服务主体高质量发展规划（2020—2022 年）》的通知 [EB/OL]. [2020-03-24]. http://www.moa.gov.cn/nybgb/2020/202003/202004/t20200423_6342187.htm.

新理念在家庭农场生产全过程的应用，鼓励家庭农场发展设施农业、休闲农业、智慧农业、电子商务等新产业新业态；鼓励金融机构针对家庭农场开发专门信贷产品，开展家庭农场信用等级评价，对资信良好的发放信用贷款。该规划指出：截至 2018 年底，全国家庭农场达到近 60 万家，其中县级以上示范家庭农场达 8.3 万家；全国家庭农场经营土地面积 1.62 亿亩；全国各类家庭农场年销售农产品总值 1946.2 亿元，平均每个家庭农场 32.4 万元。① 这说明，家庭农场在我国的发展获得了明显的效果，政策的扶持能够引导更多的小农户发展为家庭农场。

3. 国内外实践证明小农户可以转化为家庭农场

从世界各国的农业发展规律来看，农民的收入会随着工业化的发展得到持续增长，但小农户由于受自身资源禀赋和外部约束条件的制约，其收入水平通常跟不上国民经济增长的步伐，所以传统小农户增收要么依靠外出务工获得兼业收入，要么依靠政府补贴。在工业化初期，由于小农户从事农业经营的机会成本较高，而农业的生产效益较低，我国部分农村地区出现了小农户粗放经营甚至抛荒的现象。加快小农户的转型发展，提升其生产效率和收益水平已经成为刻不容缓的任务。因此，扶持有长期稳定务农意愿的小农户，通过土地流转等方式适度扩大经营规模及发展多种类型的家庭农场是一条可行的发展道路。国内外实践证明，发展多种形式的家庭农场，能够提升小农户的生产经营能力、促进其采用先进的现代农业生产技术、提高农业生产效率和收入水平、提高其市场化程度和商品化程度。据原农业部统计，截至 2016 年底，我国仍有近 2.6 亿小农户。这说明小农户转变为家庭农场等规模经营主体，还有巨大的潜力可以挖掘。随着政府对小农户扶持的不断推动，更多小农户的生产模式会得到升级优化，逐步转型为家庭农场，实现与现代农业发展的有机衔接。

---

① 农业农村部．关于印发《新型农业经营主体和服务主体高质量发展规划（2020—2022 年）》的通知［EB/OL］．［2020-03-24］．http：//www.moa.gov.cn/nybgb/2020/202003/202004/t20200423_6342187.htm.

第三节　案例分析

本节提供了两个由小农户发展为家庭农场的典型案例。这两个案例充分说明，家庭农场是小农户发展的理想载体。发展家庭农场，不仅能在保障重要农产品有效供给、提高农业综合效益、促进现代农业发展等方面发挥重要作用，也能促进小农户与现代农业有机衔接。

案例一　贵州凯里市玉龙养殖家庭农场①

玉龙养殖家庭农场位于贵州省凯里市经济开发区下司镇铜鼓村翁达地段，距凯里市20余公里。沪昆高速沿镇而过，交通便利，区位优势明显。农场主杨胜潮，现年43岁，曾在浙江打工。2014年他返乡创业，借助政府产业扶贫政策，开始与温氏集团合作，从事生猪养殖，于2015年1月成立玉龙养殖农场。养殖农场占地面积3000多平方米，其中圈舍面积1186.5平方米。养殖场内设有饲料间、药房、洗涤房、660立方米的四级化粪池、133平方米的固粪暂存间等基础设施。养殖场购置了固液分离机一台，还和周边3户农户共同出资20余万元配备了变压器和发电机。农场在发展过程中，坚持家庭经营、适度规模、依靠公司、发挥优势，实现了规模增收、创业致富。

一、采用“公司+农场”模式，技术销售有保障

凯里市委、市政府开展产业扶贫政策，将生猪养殖作为全市主导产业之一，大力引进温氏集团。温氏集团（以下简称“公司”）在当地积极推广“公司+家庭农场”经营模式。玉龙养殖农场正是在这样的背景下成立起来的。公司采取“四提供、一保证、一回收”的方式保证养殖农场收益，其中“四

① 农业农村部政策与改革司．贵州凯里市玉龙养殖家庭农场：公司和农场利益共享 农民和企业风险共担［EB/OL］．［2020－05－21］．http：//www.zcggs.moa.gov.cn/jtncpyfz/202005/t20200521_6344828.htm.

提供”是指公司提供猪苗、饲料、药物和免费技术指导；“一保证”是指保证养殖户得到合理利润；“一回收”是指农户进苗前与公司签订饲养合同，公司保价回收，回收价为7.2元/斤。杨胜潮养的仔猪就是统一由公司提供的，饲料、防疫药品、防疫技术培训也是由公司统一提供。农场则需要按照公司要求修建猪舍、参加公司培训。按照这一模式，杨胜潮最初利用自己的全部积蓄20万元，又向农商行及亲朋好友筹措资金80万元，流转租用土地4亩，先后投资修建猪舍、饲料间、药房、洗涤房、化粪池、固粪暂存间、养殖农场公路1000余米等基础设施。家庭农场基础设施建成后，农场严格按照公司合同约定生产。在养殖过程中，农场严格按照公司要求进行防疫、消毒及粪便处理。待猪出栏时，公司统一按保底价收购后销售。这种模式解决了杨胜潮夫妻对生猪市场销售的后顾之忧，使他们能把主要精力放在生猪养殖上，发挥农场的生产优势。这种模式还消除了农场养殖技术问题，由公司统一培训、发药、防疫，进行标准化流程生产，保证了生猪养殖质量。正是因为有技术指导和销售保障，农场生产经营风险降低了，农户收入有保障。

二、适度规模经营，家庭收入有保障

2018年，玉龙养殖农场生猪饲养量1500头，分两批出栏。近年来，农场平均每年出栏生猪1400头，平均每头猪能挣200~300元。如果以200元计算，农场平均每年毛收入约28万元，扣除地租约1.2万元/年、贷款利息1.8万元/年、用电变压器损耗费2.4万元/年、电费等其他费用5万元/年，一年基本可以实现18万元左右的收入。但1700头生猪是夫妻二人管理的上限，如果超出这一规模则需要雇工管理。目前，当地雇工非常难且费用较高，雇工搬运饲料价格为100元/天。如果农场雇工，收入就会减少，且不能保证雇用工人生产能符合公司的生产规定。农场下一步打算适当扩大养殖规模，但如果要保证只有夫妻二人管理农场（即不使用雇工），则最多只能将存栏量增加到850头，年饲养量1700头，平均年出栏1600头。虽然这样会达到两人管理的上限，夫妻二人会比较累，但年收入可以突破30万元，家庭收入更有保障。

三、家庭生产经营，小农户就业有保障

玉龙养殖农场完全以家庭成员生产经营，没有常年雇工和临时雇工。事实上，杨胜潮最初是和哥哥合伙养猪，后来规模扩大了，也掌握了养殖技术，他就与妻子独立出来，成立了家庭农场。农场一直是夫妻二人经营管理，搬料、喂食、打针、清理等工作全部自己承担。自从养殖场建成后，全家四口人以养殖场为家，一年四季吃住在此。由于与公司合作，农场养殖风险低，收入也有保障。杨胜潮夫妻对农场未来的发展充满信心，打算以后一直经营下去，不打算再外出打工。经营农场可以照顾年迈的母亲和年幼的孩子，夫妻两人心里也踏实。

四、农民技能提升，培育高素质农民有保障

经过公司的技术培训和日常指导，杨胜潮夫妻逐渐掌握了养猪技术和防疫措施，大大提升了养殖技术，提高了仔猪成活率。自2015年以来，农场仔猪死亡率一直保持在合理的水平，这为保障家庭养殖收益提供了有力支撑。杨胜潮和妻子既有外出务工的经验，又经过多年养殖技能的实践，从养殖门外汉逐步变成养殖能手，又从养殖能手变成懂管理、能吃苦、会经营的农场主。在他们的引导下，当地青壮年也越来越多地从事养殖产业，更多的老百姓开始通过发展养殖业，走上专业化、标准化、规模化和产业化的致富之路。玉龙养殖家庭农场为引导农户发展、培育高素质农民提供了有力借鉴。

这个案例表明，家庭农场在发展过程中需要注意以下几点：一是坚持家庭经营，发挥适度规模经营优势。玉龙养殖农场年出栏量保持在1400~1700头，这不仅保证了夫妻二人的家庭经营范围，还有利于二人精心管理农场，提高劳动生产率，发挥适度规模效应。二是多主体融合发展，建成新型农业产业组织体系。农场借助政府产业扶贫政策，采取“公司+农场”模式，解决了养殖技术、产品销售问题。这种模式既发挥了农场生产优势，又发挥了龙头企业技术及销售优势，形成了互利共赢、和谐共生的产业组织模式。三是借力金融贷款，从小农户变身家庭农场。农场享受贴息政策，从农村商业银行贷款40余万元。借助贷款，农场投入建设固定设施，从小农户变成了家庭农场。四是积极学习养殖技术，提高生产养殖能力。农场主积极参加技术培训，逐渐掌握了核心的养殖技术，不仅提高了仔猪存活率，还保障了养殖收益。

案例二　稻香坛种养殖家庭农场：实行虾稻共作，突破技术难题①

稻香坛种养殖家庭农场创办于2012年，2017年被评为省级示范家庭农场。该农场的法人刘伟是一名退伍军人，他2012年退伍回到家乡后，流转土地160亩，投资20万元，成立了稻香坛种养殖家庭农场。农场注册资金50万元，固定资产240万元，实行“稻虾共作”等多种种养模式，现经营土地318亩。农场拥有储藏室400立方米，晒坝800平方米。农场注册商标“川滇红”，拥有国家专利18项。2018年农场销售收入达到200万元。

农场坚持科学管理、绿色经营，主要依靠家庭成员负责生产劳动，走出了一条由技术专利化引领的创新发展道路，获得了一系列具有启发性的发展经验。

一、三“定”求规模

家庭农场的经营规模主要由投入、劳动力与经营模式三个方面决定。稻香坛种养殖家庭农场从一开始就树立适度规模经营的理念，通过“三定”确保经营规模适度、稳定。一是“定投入”，农场以自有资金为基础确定投资规模，采取适度负债的原则，主要依靠自有资金进行投资，做好通盘的规划。每年依据产业特征和市场行情，制订农场种养计划，通过核算基础设施、农资、人工等成本投入，量入为出，不盲目贪多求大从而给经营带来风险。二是“定劳力”，农场根据经营规模、种养环节等需求，合理分配劳动力，统一调度、精打细算，让适合的人干适合的活，让合适的人管合适的事，激发员

---

① 农业农村部政策与改革司．四川宜宾市叙州区稻香坛种养殖家庭农场：实行虾稻共作 突破技术难题［EB/OL］．［2020－05－21］．http：//www.zcggs.moa.gov.cn/jtncpyfz/202005/t20200521_6344831.htm.

工工作积极性、主动性，优化劳动力资源配置。经过几年的摸索，农场按照种植养殖规律分配劳动力、指定管理区域，确定了聘请劳动力的数量，降低了可控成本，提高了生产效率。三是“定模式”，农场改变传统种养方式，依据不同的土壤类型、灌溉条件及地理位置，结合小龙虾生活习性及生长特点，分析山上、田间等不同选址的优劣性，确立“稻虾共作”“稻虾轮作”等多元化种植模式，实现水稻与小龙虾互利共生、生态循环，种养效益可以达到单一水稻种植的7倍。

二、三“坚”助兴旺

家庭农场不仅可以使分散的土地、资金、技术和劳动力等生产要素在更大的范围内自由组合，也为农业高质量发展奠定了基础。稻香坛种养殖家庭农场坚持管理与技术并重，不断提升效益和竞争力，通过三“坚”持续推动产业高质量发展。一是坚持实施精细化管理。农场的每一个工作人员，上到农场主，下到普通饲养员，都有细化的工作职责和范围。在每一个生产环节都细分具体标准，该什么时候施肥、施多少肥、什么时候投食喂养等都有明确规范，做到科学管理、精准生产。二是坚持普及实用性技术。发展好产业，技术是关键，要有先进的技术就必须要破解人才瓶颈制约。农场成立后花了近3年的时间攻克种养循环的技术难关，取得了明显成效。农场在自身发展的同时，还积极开展农民培训教育，通过现场示范等多种形式，向周边农户推广应用实用技术，取得了良好的社会效益。三是坚持推动高质量发展。刘伟清醒地认识到推进农业高质量发展的重要性，从一开始就确立了“品质至上”的发展理念。农场通过实行稻虾循环种养，既减少了农药、化肥的使用，又提升了农作物的自我抗性，构建了绿色发展模式。

三、三“技”铸成就

科技创新是支撑现代农业发展的核心驱动力。对于家庭农场而言，所需要的技术不一定是前沿技术，而是集中在良种良法、加工储运、农机装备等实用技术层面。稻香坛种养殖家庭农场在引进先进品种技术的同时，围绕产业重点领域，自主创新、重点攻关，通过“三技”铸造成就，突破了一批关键核心技术难题。一是坚持自主开发应用，技术专利稳步增长。农场始终坚持走科技兴农之路，紧紧依靠技术创新实现节本增收。刘伟刻苦钻研、不断探索，撰写了10万余字的指导资料，并逐步获得田间防逃装置、投食系统等18项国家专利，有力提升了农场的影响力和知名度。二是聚焦产业链关键环节，重点攻关核心技术。比如，农场设计了专用运输装置，并采取科学的运输方式，提高了小龙虾存活率，大大减小了运输中的死亡率，仅此一项技术创新就使农场每年收入提高近10万元。三是突破技术难题，技术转化成效显著。近年来，农场积极推广应用科技成果10多项，创造经济效益100余万元，进一步发挥了科技创新的支撑作用。

四、三“法”促发展

农业生产经营组织创新是推进现代农业建设的基础条件。稻香坛种养殖家庭农场在尊重和保障农户生产经营主体地位的基础上，“嫁接”先进的管理理念，瞄准市场需求变化安排生产，通过三“法”充分激发农村生产要素潜能。一是用现代经营形式发展农业。农场实行订单式生产，全方位监控生产流程，严格按照消费者的需求进行匹配，有效解决产品销路难题。农场通过“请进来”让消费者体验产品，提高消费者对农业生产、产品质量的认知认同，带动周边其他产业发展。二是用高素质农民推进农业。农场积极创造条件，为成员提供各种培训机会，旨在通过系统培训逐步将从业人员培养成懂科学生产、懂经营管理、懂市场营销的高素质农民。三是用绿色生态的理念引领农业。农场始终坚持科学用药、科学用肥，不仅要求农场成员，还引导周边农户转变观念、掌握技术，比如农药、化肥能不用就不用，即使必须使用也要严格按照质量标准的规定限量使用，并科学处理秸秆、薄膜等生产废弃物，提高科学用药用肥水平。

同时，农场对愿意共同发展“稻虾共作”的农户优先提供虾苗，免费开展技术培训，面对面传授实用技术，统一组织产品销售，并允许使用自主品牌，通过各种方式解除周边小龙虾养殖户的后顾之忧。

这个案例表明，家庭农场要想取得成功，发展中要注意以下几点：一是要积极提高经营管理能力。一方面，让更多像刘伟这样有意愿、有能力从事现代农业的人经营家庭农场，推动家庭农场的发展；另一方面，将高素质农民培育和家庭农场发展结合起来，提高家庭农场主的经营管理能力。二是坚持适度规模，向产值、品质要效益。在实践中，一些家庭农场经营土地动辄上千亩，超出了农场主的经营管理能力范围，导致土地单位产出和农场经营效益下滑。稻香坛种养殖家庭农场只有 160 亩土地，通过水稻、小龙虾种养有机结合，提高农产品品质，获得了良好的效益，年销售收入达 200 万元。三是以规范管理和科学种田实现高效生产。能否用现代理念管理农场、用现代科技装备农业，直接关系到家庭农场的发展质量。与一些家庭农场粗放的经营管理方式不同，稻香坛种养殖家庭农场借助规范管理和科技创新，实现了精准高效生产。

第三章　提高西南农村地区小农户的组织化程度

本章探讨小农户的组织化问题。首先，阐述了小农户组织化的含义及其对促进小农户与现代农业有机衔接的作用；其次，分析了小农户组织化的三种模式，即“小农户+小农户”模式、“合作社+小农户”模式和“集体经济组织+小农户”模式（又称“村社合一”模式）；最后，在理论分析的基础上，提供了两个通过合作社和村集体组织带动小农户发展的典型案例。

第一节　小农户组织化概述

一、小农户组织化含义

我国人多地少，各地农业资源禀赋条件差异很大。尤其是西南农村地区，大多属于高原或丘陵山区，土地细碎化程度尤其严重，短时间内实现规模化经营难度极大，甚至有些地方根本做不到实现集中连片规模经营。因此，预计在今后很长一段时期，以家庭经营为主的小农户仍将是该地区最主要的农业经营主体。但是，随着工业化、市场化快速发展，以分散的、一家一户式的家庭为基本经营单元的小农户，已经不能适应社会化大生产发展的现实需要，难以真正做到与现代农业的有机衔接。因此，迫切需要创新多种形式的组织模式，把小农户组织起来，充分发挥农民合作组织对小农户的带动作用，引导小农户在生产经营、技术协作、资源共享、规模经营等方面展开合作，提高小农户的组织化程度。

组织小农户，就是要鼓励和引导小农户开展合作与联合，组建或加入农民合作社，完善集体经济组织功能，解决小农户做不了或做不好的事情，提高农业生产经营的组织化程度。组织小农户，还可以有效增强小农户的市场谈判话语权，维护小农户群体的合法权益。因此，小农户的组织化是中国实现农业现代化的重要条件。虽然经过诸多的曲折才达成这一共识，但以 2007 年《中华人民共和国农民专业合作社法》的施行为标志，通过发展合作组织带动小农户发展的政策已基本确立下来。解决小农户发展问题就是解决其如何与现代农业有机衔接的问题，而创新经营方式、发展多样化的联合和合作、提升小农户的组织化程度无疑是解决问题的有效方式。

二、 小农户组织化对于促进小农户与现代农业有机衔接的作用

当前，中国在农村地区实行的是以家庭承包经营为基础，统分结合的双层经营体制，是中国的农村基本经营制度，需要长期坚持并不断完善。现行的基本经营制度，决定了小农户是家庭联产承包经营的基本单元。但是，正如前文所述，小农户在发展现代农业中面临诸多突出问题，这些问题可能影响中国现代农业发展的进程。农业农村现代化离不开小农户的现代化，发展现代农业必须大力扶持小农户。提高小农户组织化程度，不仅是政府及相关社会组织扶持小农户的重要举措，也是促进小农户与现代农业发展有机衔接的关键之举。

第一，小农户组织化是促进小农户与现代农业有机衔接的关键。扶持和保护小农户、把小农户组织起来，既是实现农业农村现代化的基本保障，也是保障我国粮食安全的重要前提。如果忽视小农户的发展，我国发展现代农业、农业供给侧结构性改革等都会受到根本性的影响。我国东部发达地区的经验证明，通过组织小农户实现与现代农业的有机衔接，符合时代发展的需

求。因此，小农户组织化将是小农户与现代农业发展有机衔接的必由之路。

第二，小农户组织化有利于提升农业生产效率。我国大多数农村居民的教育层次较低，很多只有小学文化。在小农户的劳动力中，老年人的比例较高，对现代农业技术的接受程度相对较低，这在很大程度上阻碍了现代农业生产技术的使用，妨碍了农业生产的专业化水平和市场化程度的提高。一般而言，小农户的生产观念相对保守，农业生产的品种和方式比较单一，劳动生产效率较低。通过把小农户组织起来，整合小农户的人才、土地、资金等各项资源，能够发挥分散经营的比较优势。现阶段，我国组织小农户常见的方式主要包括能人（专业大户）带动、农民合作经济组织带动，以及集体经济组织和龙头企业带动等。通过多种方式将小农户有效地组织起来，不仅有利于促进小农户的专业化、规模化、市场化发展，而且有利于解决小农户与社会化大生产之间的矛盾，有效降低小农户的生产成本，提高小农户的经济利益。

第三，小农户组织化有利于推动农业产业化与现代化发展。小农户承包的土地通常呈现出高度细碎化的特点，再加上小农户平均土地较少，生产经营规模偏小，所以单个小农户想要实现规模经济就是一件“奢侈”的事情。在市场经济条件下，农民的温饱问题已经解决，但如何致富就成了关键的问题。可行的方法之一就是把过度分散经营的小农户组织起来，把小农户的小规模经营整合成有组织的规模经营，这样可以有效降低生产成本，实现规模经济。通过统一销售来解决农产品的销路问题，通过农业社会化服务来完善农业基础设施不足的问题，就能够有效地降低小农户的交易成本和生产成本。此外，组织小农户还有利于农业生产、加工、销售等环节之间的衔接，从而延长农业的产业链，推进农业产业化进程。同时，组织小农户，将分散的小农户纳入农民合作组织，不仅能降低农业生产的平均成本，提高农业生产效率，还能大幅提高小农户的收入。总之，将小农户组织起来是完善我国农村“统分结合”经营制度的必由之路。

第四，小农户组织化有利于巩固农村集体经济的基础。组织小农户不仅是推动农业实现现代化的重要举措，也是巩固集体经济基础和实现乡村振兴的必要措施。通过多种形式将小农户组织起来，有利于明确集体经济的产权，建立公平的小农户收入分配制度，有效协调小农户与农村集体经济组织的利益关系，进而完善农村承包经营责任制，确立小农户在农村经济中的主体地位。可以预见，农村集体经济的不断发展壮大，必将完善农村集体经济组织的统一经营功能，促进农村各项社会化服务的开展，为小农户的生产经营提供更为良好的基础条件和外部环境。

第二节　小农户组织化的模式

在不改变我国农村基本经营制度的前提下，为解决小农户组织发展中的难题，我们可以从以下三种思路出发：一是开展小农户的自我合作和联合，提升分散小农户的凝聚力，以发展联户经营、联耕联种，组建合伙农场等方式联合开展生产，此为“小农户+小农户”模式；二是完善农民合作组织，创新合作社组织小农户的机制，鼓励小农户组建或加入新型农民合作组织，此为“合作社+小农户”模式；三是发挥农村集体经济组织潜力，盘活集体经济资产，通过“三变”改革形成“集体经济组织+小农户”模式。

一、“小农户+小农户”模式

这种模式即小农户的自我合作和联合。互助一直以来都是中国农村传统社会的可贵品质，互助合作通常以宗亲、血缘为纽带维系。小农户之间存在天然的情感联系，相互之间的合作既有内在的优势，也有现实的可能。因而，引导小农户开展合作与联合，促进小农户的组织化发展，应是提高小农户组织化程度的首选之举。

第一，引导小农户开展联户经营、联耕联种，以及组建合伙农场。通过这些途径组织生产，统一购买农机、农资，接受统耕统收等农业社会化服务，可以有效降低生产经营成本。小农户的合作与联合可以是多元的、广泛的，既可以涵盖土地、技术、劳动力及资金等生产要素方面的合作与联合，也可以在小农户之间的生产、销售、信贷等方面开展合作与联合，还可以跨地域开展合作。同时，小农户可以充分利用村集体的资源，用村集体的名义对外统一采购农机、种子、化肥等。通过多种形式的联合，可以大大增强小农户生产经营能力，降低生产成本和交易成本，从而大大提高劳动生产率和收益水平。

专栏 3-1 江苏射阳县推行农业“联耕联种”①

自1978年以来，我国农村地区建立的家庭联产承包责任制极大地调动了中国农民的生产积极性，粮食产量不断增长。但“好田家家分，孬地户户摊”的分户零散经营造成的土地严重碎细化的问题，已严重制约了当前农业生产力的发展。目前，农民的温饱问题虽已解决，但是共同富裕尚未实现。为破解这一难题，江苏省射阳县探索了“联耕联种”这一农地经营管理模式。

联耕联种是一种农业生产方式。其具体实施方法是在村“两委会”的引领和农业部门的服务下，采取“农户+农户+合作社”的新型农民合作经营模式，在持续稳定家庭联产承包经营的基础上，按照农户自愿的原则，由村委统一组织，以打桩等形式确定界址、破除田埂，将碎片化的农地集中起来，实现有组织的连片种植。之后，再由服务组织提供专业化服务，推进农业生产联耕联种、联管联营，实现“增面积、降农本，促还田、添地力，提单产、升效益”。

联耕联种的具体形式主要包括以下三种：一是联耕分管，将现有30亩左右标准条田中的分户田埂由专业合作组织去除，连片成�，统一品种、统一耕种，而肥水管理、病虫害防治和收获等农业生产中的其他环节则由农户各自负责。二是联种统管，在联种分管的基础上，推进产中服务，由专业合作组织进行更大范围内的统一田间生产管理服务。为便于组织，各农户按标准支付各自费用，而对想要做工的农民，可以

① 赵晓峰，赵祥云．农地规模经营与农村社会阶层结构重塑：兼论新型农业经营主体培育的社会学命题［J］.中国农村观察，2016（6）：55-66，85，96.

到联耕联种的大田中挣工钱，但经营权仍在农户手中。三是全程联营，进行生产过程的统一耕作、管理和成本均摊、收益分配，实行订单生产，并在这个过程中创树品牌、拓展精深加工，提升综合效益，这是联耕联种的高级阶段。

联耕联种从破除田埂入手，充分尊重和保护农民土地承包权和经营权，很好地解决了群众的“惜地”“撂荒”问题，切实将土地的规模和激励效应有机地结合起来，破解家庭经营难以实现规模化经营的难题，保障农民收益，不失为一条可行的发展道路。

第二，引导小农户在生产经营的过程中共享资源，实现互利共赢。鼓励、引导同一区域相同产业的小农户依法组建专业协会及联合会等，共同对接市场，增强小农户的市场竞争力。重点培养一批懂技术、有一定管理能力的小农户，鼓励其采取专业化、规模化和集约化的耕作方式。提高其产品的商品化和市场化程度，充分运用“互联网+”工具为他们提供市场信息，优化农资供应市场，制定完善的市场规则，打造良好的交易环境，提高小农户的合作意识，促进其积极开展合作。

第三，针对“小农户存在某种程度的小农意识”这一弱点，政府要加强宣传动员工作。要组织协调好小农户间的关系，通过多种形式的培训使小农户充分认识到发展农业现代化及规模经营的优势，增强其对合作的理解与认同。对于农村土地细碎化的状况，政府要进行积极的整合，有效配置农村的各项资源，实现农村资源的优化配置。要对小农户开展不同形式的合作和联合予以鼓励，通过为农户提供补贴等形式不断完善政策扶持体系。此外，政府还要完善农业基础服务设施，提供多种农业生产和经营环节的公益性服务，为小农户合作提供坚实的保障。

二、“合作社+小农户” 模式

（一）农民合作社及其在小农户组织化中的作用

农民合作社是广大农户遵循自愿联合、民主管理的原则，共同成立的互助性经济组织。新中国成立后，曾经采用集体化运动的方式成立了人民公社，但是人民公社并不是严格意义上的农民合作组织。改革开放以后，为了重新把小农户组织起来，各地区探索过专业协会等多种组织形式。2007 年施行的《中华人民共和国农民专业合作社法》，使农民合作社在全国各地蓬勃发展，逐步成为我国发展农业现代化重要的组织形式，在引领农民发展现代农业、参与国内外市场竞争和提高农民的组织化程度过程中起到了重要作用。截至 2018 年底，全国依法登记的农民合作社达 217.3 万家①，合作社经营的范围涵盖粮、棉、油、肉、蛋、奶、果、菜、茶等主要农产品，并逐步向农产品加工、休闲观光农业等新产业、新业态转变。合作社在带动小农户发展的过程中发挥了重要的作用，日益成为发展现代农业和实现乡村振兴的重要力量。

农民合作社是把小农户组织起来的重要载体，遵循入社自愿、退社自由的原则。一方面，合作社“成员生产在家”，保持了小农户家庭经营效率高的优势；另一方面，合作社“成员服务在社”，可以克服小农户家庭经营的局限性，实现农业的专业化生产。农民合作社立足服务成员的宗旨，为社员提供农业生产资料的采购，以及农产品的生产、加工、储运、销售等多个环节的服务。通过合作社使小农户组织起来，能够降低农业生产经营中的生产成本、交易成本和违约风险，提高农产品的质量和附加值。改革开放以来，我国农业生产经营的发展经验证明，要在小农户基础上实现农业现代化，就必须做好基础性工作，即把农民组织起来。

（二）目前农民合作社的不足

尽管农民合作社在“把农户组织起来”的工作中取得了很大的成果，但在发展的过程中也存在诸多问题。一般来说，规范的农民合作社既能保持家庭经营的优势，又能克服家庭经营的不足，有效地解决了单个小农户解决不了、解决不好，或虽然能解决但是成本过高的问题。然而，当前在我国迅速

① 农业农村部．关于印发《新型农业经营主体和服务主体高质量发展规划（2020—2022 年）》的通知［EB/OL］．［2020-03-24］．http：//www.moa.gov.cn/nybgb/2020/202003/202004/t20200423_6342187.htm.

发展起来的农民合作社虽然取得了积极成效，但仍面临亟待规范发展和转型升级的问题。

第一，目前我国大部分合作社都不是符合“罗虚代尔原则”① 的严格意义上的合作社，有的合作社就是一个“空壳社”，根本没有任何的农业生产经营业务，纯粹是为套取国家补贴而建立的；有的合作社是由龙头企业建立并控制的“傀儡”；有的合作社是为应对上级考核而组建的；还有的合作社则是由“大户”主导或控制的。显而易见，这些所谓的合作社必然起不到带动小农户发展的作用。

第二，现有的部分合作社在内部治理机制上很不规范，有些专业合作社还存在“大农吃小农”“公司吃农户”的现象。部分合作社已经失去了为社员谋利这个固有核心价值，造成小农户与社内资本所有者或精英处于不平等的地位，使小农户在合作社内部不断被边缘化。

第三，我国的农民合作社多为专业性而不是综合性的合作社。农民专业合作社的经营范围不够广泛，虽然《中华人民共和国农民专业合作社法》修订时取消了“同类”农产品或者“同类”农业生产经营服务的限制②，但是对于一些小农户急需的，如融资、信用、保险等方面的服务，还需要得到法律的进一步确认。

（三）未来农民合作社发展的趋势

针对目前农民合作社存在的问题，有学者提出应借鉴日本、韩国和中国

① 罗虚代尔原则是根据世界上第一家现代意义的合作社——“罗虚代尔公平先锋社”总结出来的，并逐渐成为后来合作社必须遵守的准则，该原则包括入社自由、民主管理、按交易额分配盈余、股本利息应受限制、对政治和宗教中立、现金交易及促进社员教育等方面的内容。

② 原《中华人民共和国农民专业合作社法》已经于 2017 年进行了很大的修订，修订的内容主要是“一个取消，一个增加”。取消了有关“同类”农产品或者“同类”农业生产经营服务中的“同类”限制，以列举方式扩大了农民专业合作社的服务类型，将农村民间工艺品、休闲农业、乡村旅游等新型农民专业合作社，以及农机、植保、水利等专业合作社纳入调整范围；增加联合社一章，明确联合社的成员资格、注册登记、组织机构、治理结构、盈余分配及其他相关问题。

台湾的模式，在小农经济基础上建立综合性合作社体系①。通过完善土地流转制度，把农村经济所有可以资本化的资源，包括金融、保险、房产等资源，都集中在具有综合性、垄断性特点的合作社里。同时，政府给予农业的优惠条件也统一由合作社支配，并且对工商资本或私人企业进行农地交易限制。政府不仅要适当限制私人资本尤其是外国资本进入农村经济领域，还要规定农村经济领域产生的经济收益要高比例返还给农民。当然，现阶段在我国能否建立类似的综合性合作社还存在争议，但这确实是未来合作社发展的一个可以选择的方向。

在实践中，随着《中华人民共和国农民专业合作社法》的修订，很多地区纷纷探索建立农民专业合作社联合社的路径。经验表明，农民专业合作社的联合，不仅有利于实现农民专业合作社发展中的规模经济效应，还可以扩大合作社作用的区域范围，极大地推动农业产业的纵向一体化和横向一体化，组织带动更多小农户共同发展，促进农民合作社转型升级。此外，近年来在我国浙江等地探索“三位一体”的合作社模式也取得了初步的成果，这也是一条可以尝试的发展道路。

专栏 3-2　“三位一体”合作社②

浙江瑞安市梅屿蔬菜专业合作社以梅屿及周围乡镇的蔬菜种植户、购销户为主体，采取“合作社+基地+农户+市场”的生产经营模式，走上了集生产、供销、信用合作于一体的新型农业合作发展之路。

一、生产合作，强农业发展之基

针对依靠传统手工作业、生产管理粗放、工作效率不高的实际情况，合作社致力于推进农业“机器换人”，耕地、种植、收割全程实行机械操作，减少人工投入，提高产量和效益。2018 年，通过机械化作业，每亩生产成本降低 500 余元。

---

① 仝志辉，温铁军．资本和部门下乡与小农户经济的组织化道路：兼对专业合作社道路提出质疑［J］.开放时代，2009（4）：5-26。

② 农业农村部．坚定“三位一体”方向　提升合作社发展水平：瑞安市梅屿蔬菜专业合作社［EB/OL］．［2019-08-27］.http：//www. hzjjs. moa. gov. cn/nchzjj/201908/t20190827_6323252. htm.

合作社还致力于新科技、新技术的运用，引进水肥一体化智能控制系统，实现农业信息化和自动化。同时，实行农药包装回收处理，在农资店设立回收站，统一处理残留农药，防止基地土壤和水源二次污染。

在机械化和智能化的基础上，合作社通过“四统一”来推动生产管理标准化。一是统一联合育苗，提高种苗成活率。二是统一使用新品种，保证农作物高效产出。三是统一技术培训，提高农民专业水平。四是统一产品检测，保证农产品质量安全。

二、供销合作，兑农民增收之愿

（一）统一采购农资，降低生产成本。合作社建立农资供应部，负责统一采购与供应农资，并在成员中实行“二次返利”和生产资料团购等优惠措施，降低了成员购买生产资料的成本，有效排除了成员买到假冒伪劣产品的风险。2018 年，合作社统一供应农资 560 万元，向成员二次返利 10 万元。组织团购大棚膜 100 多吨，涉及农户 762 户，大棚膜团购价每吨比市场价便宜 300 多元。

（二）整合资源优势，拓展销售新模式。合作社与瑞安华峰集团、烟草公司等大型企业食堂建立了蔬菜配送业务，与大南“天鲜配”公司合作为温州市民供应蔬菜，在瑞安 10 多个社区设立销售点，与温州人本超市建立了果蔬直供业务。2018 年 5 月，首批 3 万斤“绿印象”牌番茄进入香港市场。9 月，包括毛芋、山药、番茄等在内的 13 个品种的作物登上中国“雪龙号”极地科考船，随船开启我国第 35 次南极科考之旅。

（三）品牌精准定位，提升市场知名度。合作社注册“强绿”牌番茄和“绿印象”牌精品蔬菜两大品牌，提升蔬果产品附加值。合作社组建的万科农业公司建有初加工 1 万吨级净化车间，开展 150 公里区域内果蔬物流配送业务，发展集生产、加工、配送、销售于一体的综合性农业科技产业链条。“绿印象”牌精品蔬菜与高端市场展开合作，推出 200 余种精品蔬菜。合作社大力发展本地蔬菜外销业务，与精品超市合作推动精品高端蔬菜、沙拉蔬菜业务，蔬菜利润提升了 4~5 倍。2018 年全年配送业务额达 1800 余万元，本地蔬菜外销业务额达 1200 余万元。

三、信用合作，解成员融资之困

（一）组建汇民农村资金互助社，发展互助金融。2011 年 1 月，合作社联合其他 3

家合作社发起组建瑞安市汇民农村资金互助社，经批准，开展成员内部资金互助。资金互助社实行实体封闭运作，拥有成员799名，注册资金500万元，主要为合作社成员提供各种金融服务。截至2019年8月，该资金互助社已累计发放互助金4.25亿元，扶持种植大户上百户，帮助成员扩大经营规模3500亩。2017—2018年，该资金互助社实现二次返利80万元。

（二）创办兴民农村保险互助社，打造瑞安样本。2015年10月，合作社与其他21家合作社及2位自然人共同出资创办瑞安市兴民农村保险互助社，成为全国首批财险农村保险互助社试点单位。保险互助社入社成员3552名，注册资本100万元，运营资金500万元，围绕农业生产经营领域开发农产品保险、农产品货运保险和农户小额贷款保证保险三大险种。截至2019年8月，该保险互助社已陆续为796.7亩大棚番茄投保冻害保险，每亩保费108元，最高赔付额1200元。2018年5月，其与中国太平洋财产保险股份有限公司瑞安支公司开展战略合作，以跟保形式分担农产品货物运输保险的风险。

（三）依托农信担保公司，解决融资困境。瑞安市农信担保公司对合作社成员担保实行利率优惠，截至2019年8月，该公司为合作社成员累计提供担保授信350户次，共计3700万元；对合作社的万科农业开发公司给予贷款担保100万元，用于提升农产品初加工和新产品开发能力。

（四）联手瑞安农商行和农行，推进普惠金融。瑞安农商行推出额度优先、利率优惠、手续优化的“三优”扶持政策，对合作社综合授信5000万元，累计贷款支持1500万元。通过“专业合作社+农户”模式，瑞安农行对合作社整体授信3500万元，授信户数500户。同时，两家银行联合推出微信端随借随还的惠农网贷，让农户足不出户享受互联网金融便利。

三、“集体经济组织+小农户” 模式[①]

农村集体经济组织是小农户组织化的首要形态。新中国成立以来，我国农民是在以土地为核心的基本生产资料上，通过集体产权的形式组织起来的，这种组织的形式随着时代的变迁不断演进与变化。20 世纪 80 年代我国实行改革开放，在农村地区建立起统分结合的家庭联产承包责任制，制度的变革大大解放了农村生产力，并彻底激发了农民的生产积极性。然而，这也在一定程度上带来了分散有余、统一不足的问题，很多地方的集体经济组织已经处于名存实亡的状态，而分散的经营方式也难以适应社会化大生产对于规模化、组织化、市场化的需要。因此，必须重新发挥集体经济的潜力，重新焕发其组织农民和提供统一经营和生产服务的功能。虽然现阶段的村集体仍存在诸多问题，但仍可将其作为一个农民组织化的选择。近年来，中央出台了多项政策文件，提出要对农村集体经济进行“三变”改革[②]。通过壮大集体经济、创新集体组织形式，对小农户进行内生性组织化，可以探索出一条能够把众多小农户组织起来、同步实现农业农村现代化、具有中国特色的现代农业发展道路。

小农户的合作社如果由龙头企业等外部新型农业经营主体主导建立，就不可避免会出现小农户利益被侵蚀的情况。为了避免这种现象的出现，确保国家投入的资源能够真正落实在小农户身上，以及激发小农户的内生发展动力、防止两极分化，发展和壮大集体经济是一条可靠的途径。集体经济组织原本就是农民之间经济合作的载体，集体经济的发展和壮大不仅可以提升自身统一经营的能力，也可以提高小农户的组织化程度。但是，当前的农村集体经济组织仍然存在诸多问题，如主体缺位、集体产权不清、成员权不完善等。因而，需要以“三变”改革为指导思想，彻底对集体经济组织进行集体

---

① 这种模式通常通过把原先的集体经济组织改造为农村社区股份合作社来实现农民的组织化，故而有些学者把这种模式称为“村社合一”模式。

② “三变”即资源变资产、资金变股金、农民变股东。

产权制度改革。通过改革建立农村社区股份合作制的新型村庄，是目前大多数地区正在探索的方向。不管最终改革的形式是什么，小农户都必将被纳入股份合作化中。在这个过程中，小农户既是农村集体经济资产的所有者，又是农村集体经济利益分配的受益者。可以预计，改革可以增加小农户的收益。相对于其他组织小农户的形式，集体经济组织的股份合作改革在治理结构、利益分配机制等方面都有很大的区别，是一种真正以小农户为本的组织形式。当然，我们还可以进一步探索其他的组织形式，就目前而言，股份合作制虽是当前农村集体经济组织产权制度改革的主要形式，但不是唯一的形式。

在实践中，我国针对集体经济组织的改革一直没有停止过探索的步伐。早在 20 世纪 80 年代，山东省淄博市周村作为农村改革试验区之一，就已经开展了农村社区股份制试点改革，具体的做法是把村集体的资产量化到每一位村员身上，并成立了中国第一家真正意义上的农村社区股份合作社。据农业农村部门统计，全国平均每个村集体拥有资产近 500 万元，东部地区村均上千万元①。这些资产是我国未来农业农村现代化发展和农业社会化服务体系建立的重要物质基础。对这些资产进行清理核算并量化到每一个小农户身上，可以充分调动广大小农户的生产经营积极性，这关系到农村集体经济改革的成败。党的十八大以来，集体产权改革受到了党中央高度重视。2016 年，中共中央、国务院印发了《关于稳步推进农村集体产权制度改革的意见》，提出了集体产权改革的时间表。从 2017 年开始，力争用 3 年左右的时间基本完成农村集体资产清产核资工作。在清产核资基础上，把农村集体资产的所有权确权到不同层级的农村集体经济组织成员集体，并依法由集体经济组织代表集体行使所有权。然后，力争用 5 年左右时间有序推进经营性资产股份合作制改革。最终，实现“资源变资产、资金变股金、农民变股东”的改革目标。

---

①　农业农村部. 盘活集体资产 增添发展活力 让广大农民共享改革发展成果：韩长赋在国新办发布会上就《关于稳步推进农村集体产权制度改革的意见》答记者问［EB/OL］.［2020－03－24］. http：//www. moa. gov. cn/jg/leaders/hanchangfu/huodong/201701/t20170103_5423298. htm.

第三节 案例分析

本节提供了两个合作社带动小农户发展的典型案例。这两个案例表明，当前的农民专业合作社尽管存在一些不足，但仍是把小农户组织起来的重要载体，对于带动小农户脱贫致富、促进其与现代农业有机衔接发挥了重要作用。

案例一 合作社带动贫困户脱贫致富①

一、基本情况

陆良县活水乡石槽河村委会针对当地产业发展后劲不足，群众增收渠道窄，建档立卡贫困户脱贫机制不稳定、不切实际等问题，确立了“党总支+合作社+农户（建档立卡贫困户）”的党建扶贫双推进机制。2012年陆良鸿丰种植养殖专业合作社成立，以带动贫困户脱贫致富为原则，发展合作社成员68户，吸纳建档立卡贫困户39户。合作社因户施策，整合贫困户资金、劳动力资源，创新产业精准扶贫机制，按照“量化到户、股份合作、保底分红、滚动发展”的多种联结方式，引导建档立卡贫困户参股新型产业发展项目，通过“土地+劳动力”方式实现双流转、双收益。合作社统一经营，根据年度运营情况优先分红给贫困户，且保证贫困户入股资金不亏损。贫困户抱团入股参与经营决策，最大限度保障收益稳定，实现脱贫目标。

二、主要做法

（一）突出党建引领，群众积极参与

石槽河党总支坚持党建引导与群众自愿参与相结合，科学谋划产业布局，突出“长短结合”，兼顾“以短补长”，因地制宜，合理确定符合自身实际的

① 中共云南省委农村工作领导小组办公室，云南省农业农村厅．云南省产业扶贫典型案例汇编[Z].2018（10）.

产业发展内容和规模。

（二）大胆创新，发展山区特色产业

石槽河村充分利用山区资源丰富、气候环境多样等基础条件，大胆创新，大力发展山区特色产业。一是引导晚秋洋芋套种 300 亩，吸纳地方季节性务工 3600 工时，增加务工收入 25 万元。其中，贫困户完成 400 工时，工时费合计 3 万余元，户均增收 1000 元以上。石槽河村积极鼓励贫困户参与生产实践，积极向其普及晚秋洋芋科技种植技术，持续巩固地方晚秋洋芋产业发展。按照“一亩秋洋芋致富一个贫困人口”的目标，可实现人均增收 1200 元以上。二是石槽河村党总支和陆良鸿丰种植养殖专业合作社多次进行实地考察论证，订单引种山东寿光早春红提 60 亩，采用设施大棚种植技术，订单回收价格为 30 元/千克。红提总体长势良好，可实现纯收益 100 万元以上，增加集体经济收益 8 万元。三是积极争取省农科院支持，结合自身独特的气候条件，采取院村共建模式，人工大棚试种羊肚菌 30 亩，市场行情较好，预期成熟后可扩大种植规模。四是引入地方农业龙头企业，发展美人椒订单种植 1100 亩，采取集中管理与分散种植相结合的方式，免费为贫困户提供种苗、技术服务等。五是结合县委组织部的“四位一体”项目新建“能繁母牛”养殖场，结合“粮改饲”项目，积极调整产业结构，以青贮饲用玉米种植促进农牧生产方式发展，实现地方青贮玉米种植 500 亩以上，实现贫困户种植有收益、技术服务有保障，贫困对象自我发展能力不断增强。

（三）打造特色品牌

石槽河村利用活水乡山区丰富的自然资源进行土鸡养殖，开发治理石槽河沿岸 300 亩水淹荒弃地块，因地制宜发展藕田养鱼、养虾，发展山区特色“农家乐”，开启集具有地方特色的种养有机结合、休闲观光、餐饮垂钓为一体的多元生态发展新模式，发展壮大特色产业。

（四）强化项目资金整合

石槽河村整合各类项目资源，坚持“资金跟着穷人走、穷人跟着能人走、能人跟着产业走、产业跟着市场走”的原则，谋划乡村旅游战略，加快水电、路网等基础设施建设，积极探索以合作社重点投入为主体、财政投入为补充的多元化投入机制。

（五）压实各级责任

石槽河村明确村组党员干部的工作责任，实行产业条块管理，带动扶贫工作对接到人到户，分片包干、分级负责，做到“村组党员干部不仅是产业管理员，更是技术责任人”，确保各项工作顺利有序开展。

三、主要经验

（一）党建牵引

石槽河村充分发挥党组织的“向心力”“凝集力”和“引导力”，依托产业扶贫，着力构建党组织连公司，合作社连基地、连农户的经营模式，成立陆良鸿丰种植养殖专业合作社，吸纳建档立卡贫困户39户共110人参与产业发展，实现建档立卡贫困户产业扶贫全覆盖、全参与。

（二）产业联动

石槽河村以企业和专业合作社为纽带，通过建立合作机制，把分散经营的贫困户利益与规模经营的企业利益紧密联系起来，着力构建集种植、养殖、销售为一体的产业联动体系，推动区域一、二、三产业融合发展。

（三）措施精准

石槽河村基于产业发展中存在的结构单一的问题，选择红提、蔬菜、羊肚菌、美人椒品种发展种植业，因地制宜发展牛、鱼、虾等养殖业，发展成效显著。这表明各村应依据不同情况选择不同产业来帮助贫困户脱贫致富，应严格按照各作物品种种植标准进行标准化种植、管理，确立品牌发展思路，实施标准化种植。

（四）企业连户

石槽河村建立了企业、合作社、基地和农户“风险共担、利益共享、公平分配”的利益共同体，加强与云南省农科院和山东寿光多家公司的合作互赢，通过健全和完善企业、农户互利共赢的工作机制和措施，确保产业精准扶贫取得实效。

案例二　合作社引领青龙村民共致富①

玉溪市华宁县青龙镇山岐村于2009年组建了山岐金银山蔬菜专业合作社。合作社辐射4个村委会，带动农户1210户；蔬菜年销售量达24万吨，收入3932万元，农民人均纯收入7180元/年；种植面积12000余亩，形成多种区域特色明显的蔬菜品牌。随着蔬菜产业的发展，合作社积极扩大规模、拓展市场，陆续推广种植三七30亩、菜豌豆1200亩、辣椒800亩、洋芋1500亩，并形成自主品牌，产品销往广州、河口、呈贡等地，并出口东南亚部分地区。

一、主要做法

（一）通过土地流转，增加贫困户经济收入

合作社鼓励贫困户将土地流转给合作社中的种植大户经营，获得租金收益。据统计，山岐金银山蔬菜专业合作社流转土地600余亩，年均地租1200元/亩，转出土地的农户每年共计可以获得72万余元的租金收入。

（二）开展技能培训，增强致富本领

合作社注重对社员进行技术培训，不断提升社员特别是贫困户的生产经营技能。合作社聘请镇农技站、县农业局专业技术人员对专业合作社统一开展技术培训；组织合作社技术骨干到外地蔬菜生产基地学习，然后再由这些骨干对其他成员开展技术培训，引导种植户开展科学种植。合作社成员经过技术培训，种植的蔬菜每亩实现增产0.5吨，增收约750元。

（三）推动产业规模化，增加就业岗位

合作社在建设蔬菜交易市场后，为当地农民提供了不少就业岗位，聘用固定农民工5人、季节性农民工15人，并吸收建档立卡贫困人口25人加入合作社。

① 中共云南省委农村工作领导小组办公室，云南省农业农村厅．云南省产业扶贫典型案例汇编[Z].2018（10）.

（四）创新产业扶贫模式，解决致富无门难题

合作社依托通海蔬菜发展公司的产业优势，探索“公司+基地+合作社+贫困户”的发展模式。通海蔬菜发展公司负责研发和推广技术，并建设种植基地；合作社负责对成员的土地、资金、劳动力等生产要素进行配置，并代表成员与公司签订收购合同，为成员提供生产服务；合作社成员只需要进行种植。这种模式的有效运行降低了成员的种植风险，提高了生产效益；而公司也解决了资金和土地问题，降低了生产成本，获得了规模效应；合作社作为与公司沟通的桥梁，增强了成员的话语权，保证了成员的经济利益。

二、主要经验

（一）部门重视、政策扶持，促进合作社良好发展

当地政府大力引导和扶持合作社发展。青龙镇农技站，山岐村党总支、村委会等部门多次组织村民到通海、澄江、呈贡、晋宁等地考察蔬菜专业合作社运作情况，增强农户参与合作社的信心。农业部门积极争取项目资金，支持合作社发展，累计投入项目资金 420 万元。其中，投入资金 70 万元建成 3000 多平方米的蔬菜交易市场；投资 350 万元修建蔬菜生产区田间道路 5.2 千米，水池 10000 立方米，田间垃圾处理池 300 口。

（二）党员带头，因地制宜激发群众建社

山岐村属于石漠化地区，山多地少，青壮年大多外出务工，产业发展困难。村党总支组织农户到外地考察山地蔬菜种植，精准规划蔬菜产业发展。种植方面，村党总支书记带头种植，并对种植户提供技术指导和帮助，引导农户种植蔬菜。销售方面，村党总支书记组织引进外地客商到本村收购蔬菜，以保障菜农蔬菜销售，通过种植和销售牵头帮扶，吸引农户加入合作社。

（三）能人领路，产业发展迸发新希望

合作社成立时选择了思路清晰、懂政策、有文化、有技术、会管理的领头人。山岐金银山蔬菜种植合作社负责人具有高度的责任感，能根据市场需求及时调整生产策略。他还出力建设交易市场，申报无公害农产品认证，与通海冷库、生鲜公司联系合作，使合作社农户增收得到有效保障。

（四）一体化发展，提高农民组织化程度

合作社将一家一户单独经营的农户联合起来、组织起来，为成员提供产前、产中、产后服务，实现了产供销一条龙经营，不仅提高了农民的组织化程度，还有效带动了农民增产增收。合作社通过蔬菜种植基地建设，向成员推广蔬菜标准化种植，为成员提供技术培训和农机服务。成员只需负责蔬菜的种植与管理，就可以在公司和合作社的指导下向集约化和规模化经营发展。

（五）产业现代化，提高产品市场竞争力

合作社统一农资物品供应、统一产品质量、统一品牌包装、统一市场销售，实行“土地到市场”的全程质量管理和监控。合作社要求生产基地实行水肥一体化施肥，既能实现节肥 30%（对比传统种植），又能推广带动成员应用新技术。合作社成员 100%实行标准化生产，既能降低生产成本、实现产销对接，又能确保食品安全和蔬菜种植的投入产出比合理。合作社打造了“无公害农产品”蔬菜品牌 3 个，生产的优质蔬菜畅销全国各地和东南亚地区，市场份额不断增长，市场竞争力不断提升。

第四章　建立健全西南农村地区小农户与新型农业经营主体的利益联结机制

本章探讨如何发挥龙头企业等新型农业经营主体对小农户的带动作用。首先，阐述了龙头企业等新型农业经营主体对小农户的带动作用机理及其存在的问题，指出解决问题的关键在于建立健全龙头企业与小农户利益联结机制；其次，以广西金穗企业为例，分析了企业带动小农户发展的模式、存在的问题及影响因素，在此基础上提出了相应的对策；最后，结合理论分析的结论，提供了龙头企业带动小农户发展的两个典型案例。

第一节　龙头企业带动小农户发展概述

一、小农户的发展离不开新型农业经营主体的带动

（一）新型农业经营主体对小农户的带动作用

新型农业经营主体是乡村振兴和农业农村现代化的主力军。党的十九大报告中首次提出了要实施乡村振兴战略。巩固和完善农村基本经营制度，构建现代农业产业体系、生产体系、经营体系，是乡村振兴战略的重要内容。培育多种形式的新型农业经营主体对于构建现代农业产业体系、生产体系、经营体系具有特别重要的意义。新型农业经营主体不仅是解决“未来由谁来

种地”问题的重要主体，更是推进农业产业化、规模化经营，建立健全农业社会化服务体系的实施者和引领者。同时，新型农业经营主体也是带动小农户融入现代农业产业化发展的引领者，通过与小农户建立有效的利益联结机制，可以提升小农户的生产经营能力，提高小农户的组织化程度，促进小农户增产增收。

在这些新型农业经营主体对小农户的贡献中，龙头企业起到了较为重要的作用。龙头企业通过各种利益联结机制与农户相联系，带动农户进入市场，与农户在生产、加工、销售等方面深度融合，实现农业生产经营的规模化和集约化，成为带动农民增产增收的中坚力量和组织农民生产经营的骨干力量。总而言之，龙头企业不仅是新型农业经营主体的主要力量，也是加快小农户开展农业产业化、转变农业发展方式的“领路人”。

龙头企业是带动小农户融入现代农业发展轨道的中坚力量。龙头企业普遍采用农业产业化经营，并通过利益联结机制将小农户的产、供、销等环节进行有效结合，从而起到带动小农户发展的作用。具体而言，龙头企业通常从以下几个方面发挥对小农户的带动效应：第一，龙头企业通过土地流转从农户手中获得规模经营所需要的土地，再对土地进行整治，按照标准化和规模化的要求建设原料生产基地，带动小农户开展专业化、标准化、规模化、集约化生产。同时，与小农户签订农产品购销合同，解决小农户与市场对接的问题，消除小农户的后顾之忧。第二，龙头企业把小农户融入农业产业链中。小农户通常处于农业产业链上游的生产环节，其产出的大多数是附加值较低的初级农产品，市场价值不高。而在加工、流通、零售等增值幅度较大的环节，小农户却无法参与进来。对此，龙头企业可以吸引小农户直接投资或入股经营，带动小农户深度融入现代农业产业链中，使小农户分享加工、销售环节的收益。第三，龙头企业很容易将“互联网+”等现代农业新技术、新理念引入农业生产经营和管理中，从而促进农业与旅游、观光、文化及康养等产业融合，推动农村一、二、三产业融合发展。发展这些新产业、新业态，不仅扩展了龙头企业的发展机会，也使小农户享受到了产业融合发展带来的增值效益。总而言之，龙头企业通过与小农户建立多种形式的利益联结方式，能够带动小农户融入现代农业的发展，让小农户分享农业现代化的发展成果，从而实现小农户与现代农业的有机衔接。

（二）存在问题

在现实中，小农户与龙头企业由于在经济实力和发展理念等方面存在巨大鸿沟，两者在经济发展过程中的地位实际上是不对等的。因此，龙头企业在带动小农户参与农业产业化经营的过程中还存在着很多问题。

第一，龙头企业与农户之间存在因地位不对等引发的问题。由于龙头企业与小农户的发展理念存在差别，小农户往往受到“小农意识”的制约，对社会化大生产通常采取排斥的态度。再加上双方在经营规模、经济实力及产品销售等方面存在较大的差异，导致龙头企业在带动小农户的过程中产生较高的交易成本。此外，龙头企业具有较高的话语权，小农户在与龙头企业的谈判中处于弱势地位，难以建立起对龙头企业行为制衡的机制。在现实中，龙头企业往往会凭借其优势地位，对农业生产原料购买和农产品销售进行价格操控，甚至出现挤压、侵占小农户利益等严重问题。

第二，小农户与龙头企业难以形成密切的利益联结关系。小农户与龙头企业之间存在较高交易成本，导致很多龙头企业对于与小农户建立完善的利益联结机制持消极的态度。根据集体行动理论，小农户数量越多，与龙头企业之间形成利益联结的交易成本越高。这在实践中也得到了证明，很多龙头企业在流转小农户土地时，为了节约谈判时间、降低交易成本，通常不是直接与小农户签订土地流转合同，而是绕过小农户与村委会签订合同。此外，小农户人数众多，容易出现“搭便车”现象，缺乏争取共同利益的动力，因此很难在与龙头企业的谈判中形成较强话语权和影响力，也就不能很好地维护自已在参与产业化经营中的合法权益。

第三，相关政策仍存在进一步完善的空间。前些年，为了迅速做大、做强新型农业经营主体，政策资源主要倾向龙头企业等新型农业经营主体。但是，龙头企业也需要担负一定的社会责任，充分发挥对小农户的辐射带动作用。因此，在促进龙头企业开展产业化经营的同时，采取把给龙头企业的补贴与其带动小农户的效果挂钩等政策，能够鼓励龙头企业积极带动小农户发展，促进小农户与现代农业发展有机衔接。

二、发挥龙头企业带动作用的关键是建立健全龙头企业与小农户利益联结机制

目前，由于龙头企业与小农户之间完善的利益联结机制还没有建立起来，二者难以形成稳定的利益共同体。解决问题的关键在于厘清小农户与龙头企业的合作机制和利益分配机制如何建立。无论是小农户还是龙头企业，都是经济学意义上的理性经济人，若双方都遵循利益最大化的原则行事，必然会出现竞争大过合作的问题。因此，政府需要采取多种措施，处理好小农户与龙头企业之间的利益联结问题，这关系到能否健全新型农业经营体系。

农户利益联结机制是对于农户与新型农业经营主体在生产合作和利益分配过程中进行协调的一种制度安排。各类经营主体在农业生产经营和农产品交易活动中，往往会与农户达成稳定的交易关系。一方面，它们与农户签订订单合同，为农户提供农资采购和产品销售服务；另一方面，它们通过制定标准化的生产流程激励和约束农户的生产经营行为，将分散的小农户生产有效整合起来，将其纳入现代化的生产经营体系，从而与小农户结成利益共同体。学者对于利益联结机制的研究，最初主要集中于龙头企业如何通过“公司+农户”这种基本模式开展农业产业化经营，以及如何促进企业与农户结成利益共同体，从而推进产业化、专业化、规模化的农业生产经营。杨先芬研究了农业产业化的不同组织形式，在学术界首次提出了“利益联结机制”这一概念。在政策层面，《中共中央、国务院关于做好二〇〇〇年农业和农村工作的意见》中明确提出“龙头企业要与农民建立稳定的购销关系和合理的利益联结机制”，这是党中央首次在顶层设计文件中提到“利益联结机制”。在

这之后，关于农户利益联结机制的研究在学术界逐渐成为热点，取得了大量的研究成果。在利益联结机制的含义方面，雷玉明认为利益联结机制包括利益创造和利益分配两个方面，是经济主体之间在利益方面相互联系、相互作用的调节规则。闫玉科则认为利益分配规则是利益联结机制的核心内容。刘凤芹把利益联结机制看作一种与农户签订的长期合约关系，稳定农户与龙头企业的关键是通过保护性条款及激励和惩罚机制等来保障合约的可履行性。在利益联结类型方面，苑鹏认为龙头企业等新型农业经营主体以及其他中介组织等，既可以独立与农户建立利益联结关系，也可以形成复合型利益联结关系，如“公司+合作社+农户”等。在利益分配方式方面，唐润芝发现农户与龙头企业多数是以订单为核心结成利益共同体，采取不同程度的复合形式，如签订订单、股份合作、二次分红等。近年来，部分学者探索了农业产业化联合体、农业共营制等新的组织形式下的利益联结问题。关于利益联结机制存在的问题，大多数学者认为目前农户和龙头企业之间的利益联结机制是松散的，缺乏以技术、服务、资金、资产等作为利益联结纽带的紧密型利益联结方式，农户难以参与农产品加工、销售环节的利润分配。此外，由于缺乏有效的约束机制，农户的违约问题难以得到解决，从而增加了部分龙头企业的顾虑。关于利益联结机制的发展趋势，姜长云认为需要更加关注紧密型利益联结机制，建立农户风险防范和收益保障机制，通过服务联结拓宽视野，使利益联结机制向产业链、价值链层面拓展，引导农民扩展参与发展的途径。

综上所述，学术界对农户利益联结机制的研究已经取得了大量的成果，从理论和实践的角度充分论证了利益联结机制发展的现状、存在的问题及其产生的原因和应对策略。但是，现有研究还比较分散，专门研究农户利益联结机制的成果还不多。大多数研究将利益联结机制等同于利益分配机制，片面地强调对农户增收的带动作用，而忽视了为农户提供更多发展机会的功能，对建立更为紧密的、更高层次的联结形式关注不足。

鉴于此，学术界需要进一步加强对龙头企业与农户利益联结问题的研究，对如何充分发挥龙头企业的带动作用，更应该给予高度关注。小农户能够发展壮大并有效对接现代农业，离不开龙头企业等新型农业经营主体的带动。推动龙头企业把小农户纳入现代农业产业体系、实现小农户的共同富裕，关键在于建立健全小农户与龙头企业紧密的利益联结机制。一方面，要切实落实各项扶持政策，培育龙头企业做大、做强，提高其带动小农户发展的能力。同时，要将对龙头企业的优惠措施与其对小农户的带动作用相挂钩，把对龙头企业的优惠政策和“支农”资金落实到小农户身上，让小农户在与龙头企业合作的过程中切实受益。另一方面，要创新小农户与龙头企业的利益联结方式，促进两者形成长期稳定的利益共同体。鼓励龙头企业采用“公司+农户”“公司+农民合作社+农户”等模式，把小农户纳入现代农业产业体系。除了传统的订单收购等方式外，还要探索保底分红、二次返利、股份合作等多种带动小农户发展的方式，吸纳小农户到企业就业，带动小农户共同发展，实现小农户的共同富裕。此外，政府要对小农户的土地经营权和林权等合法权益采取特殊的保护措施，探索农民负盈不负亏的新型分配机制。近年来，有些地方试行农业产业化联合体，通过联合体把生产经营、产品销售、技术共享、品牌共创、融资担保等统一起来，更好地发挥了龙头企业对小农户的带动作用，进一步联结了小农户与龙头企业之间的利益关系。

第二节　建立健全龙头企业与小农户利益联结机制——以广西金穗企业为例

一、 金穗企业带动小农户发展的模式

（一）企业农业产业化发展概况

广西金穗企业于 1996 年成立，是一家集农业种植、有机肥生产、农产品深加工、休闲农业旅游开发为一体的现代化农业产业化集团，现已发展成为

一家国家重点农业产业化龙头企业。金穗企业前期主要种植甘蔗、木薯、瓜类等农产品，直到2009年才开始大规模种植香蕉，并逐步发展成为以香蕉为主要支柱的企业。金穗企业在政府支持下，分别对分散小农户、承包大户、全村集体进行土地流转，采用“公司+基地+农户”的香蕉产业化经营模式，严格按照公司既定生产要求进行种植经营。截至2018年底，该公司已流转土地面积达8.70万亩，且仍在逐年递增，如表4-1所示。该公司已建成31个香蕉生产种植基地，覆盖三个县区16个乡镇。基地共有30多个片区，最小的片区仅300余亩，其中公司自营香蕉种植规模达3.6万亩。① 2015年，广西金穗企业已经由最初的1300亩香蕉种植基地发展成为我国最大的香蕉规范化产业基地。

表4-1　2012—2018年广西金穗企业土地流转面积统计表　　单位：万亩

年份	土地流转面积	年份	土地流转面积
2012	4.15	2016	5.20
2013	4.50	2017	5.60
2014	4.72	2018	8.70
2015	4.90		

资料来源：广西金穗企业提供。

广西金穗企业非常重视创新，在香蕉生产、采割、配送等各个环节引入新科技成果，推动企业走上生产良种化、标准化、设备化、物流现代化的发展之路，不断改变原有的香蕉种植模式，引入合作社、家庭农村、产业联盟等组织形式，优化原有分散农户种植的结构。广西金穗企业坚持做大、做强香蕉产业，加大科技投入，研发以香蕉为核心的农产品，达到延伸香蕉产业链的目标。如图4-1所示，该企业以“五个一”为思路，重点打造隆安金穗香蕉产业（核心）示范区，使农业与旅游紧密联结，融合多种元素发展农业现代化。

① 根据笔者到企业调研所得数据整理。

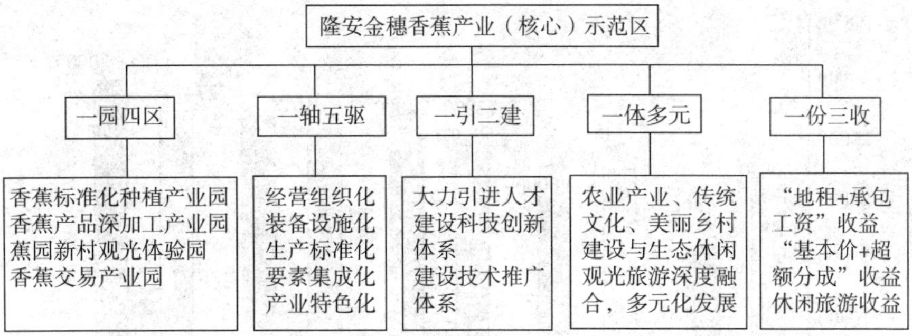

图 4-1　隆安金穗香蕉产业（核心）示范区建设思路示意图

（二）企业带动小农户发展模式分析

广西金穗企业推进农村土地承包流转起步较早，1987 年就开始了探索，并逐步形成“龙头企业+产业联盟+基地+农户”多种利益联结的“金穗模式”，其核心内涵是：通过土地流转的方式租用小农户的土地，并雇用小农户进行生产，为企业规模化发展提供土地、劳动力两大生产要素，优先与流转土地的小农户建立利益联结机制，采用“地租+承包工资”和“基本价+超额分成”两种方式保证农民收益，促成企业与农户协同发展。广西金穗企业针对不同群体设计了不同的合作模式，通过各自的付出和努力获得相应回报，实现多方共赢的目标。农户与企业形成了“公司承租+发包”和“公司+产业联盟”两种利益联结模式。

2010 年，广西金穗企业率先在定典屯试点，建设土地流转示范村，打造“金穗模式”。2017 年，定典屯共计 3500 亩土地已全部租赁给公司经营，真正做到全屯村民“离土不离乡，失地不失利”。2012 年，定典屯村民充分利用金穗公司所带来的机遇，实现人均收入 9031 元，而当时南宁市农民人均收入仅为 6777 元。自 2014 年起，定典屯村民人均可支配收入已超过万元，完全超过隆安县农村居民人均可支配收入，至 2016 年已经超过隆安县城镇居民人均可支配收入（见图 4-2）。

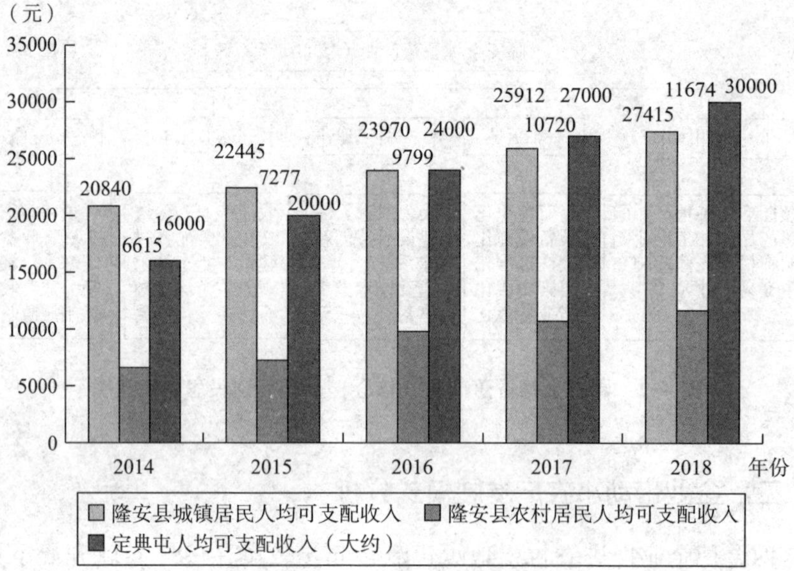

图 4-2　定典屯人均可支配收入与隆安县城镇、农村居民人均可支配收入对比

围绕香蕉产业，定典屯输出土地、劳动力，金穗企业输出资金、技术、化肥、香蕉苗等，同时还提供就业岗位、帮助修建村庄各项基础设施。村民收入多元化，既可以得到租金收入，又可以到公司做工得到工资收入，还可以从生态农业和农家乐休闲旅游中获益，真正实现村屯变美、农民致富、企业发展。根据南宁市统计局公布的《2018 年南宁市国定贫困县农村居民收入调研报告》：工资性收入是隆安县农村居民收入增加的主要来源，其他收入还有经营收入、财产收入和转移收入（见表 4-2）。① 这折射出广西金穗企业与小农户利益联结后小农户的收入情况。

① 南宁市统计局 . 2018 年南宁市国定贫困县农村居民收入调研报告［EB/OL］.［2019-03-01］. http：//tj. nanning. gov. cn/tjsj/tjfx/t1680930. html.

表 4-2　隆安县农村居民可支配收入构成对比

项目	2018 年			2017 年			增加额/元	贡献率/%
	总量/元	占比/%	增速/%	总量/元	占比/%	增速/%		
农村居民可支配收入	11674	100.0	8.9	10720	100.0	9.4	954	—
工资性收入	5845	50.1	10.0	5314	49.6	8.7	531	55.7
经营净收入	3825	32.8	3.9	3682	34.3	7.8	143	15.0
财产净收入	542	4.6	26.9	427	4.0	14.8	115	12.1
转移净收入	1462	12.5	12.7	1297	12.1	15.8	165	17.3

资料来源：南宁市统计局。

前期金穗模式通过试点带动部分小农户致富，后期该模式被逐步推广，大力推进农村土地承包经营流转，2009 年进入规模化发展阶段。具体模式分析如下。

1. “公司承租+发包”联结模式

这种模式的前提是小农户有意愿把土地租赁给公司，公司整理所租赁的土地资源，再把土地划分区域承包给小农户。公司完善种植地基础设施，比如水管、电线、滴灌管等；小农户按照企业要求种植。管理所需农资、制定生产标准和技术规程均由公司负责落实，最后公司按照规定的产品质量标准验收农产品，按照农产品产量向小农户发放承包费用，实现统一的品牌销售，小农户获得“地租+承包工资”的收益。农村土地流转创新模式将分散的小农户与时刻变化的市场结合起来，通过建立健全生产档案制度、产地准出制度、质量可追溯制度，解决小农户缺乏技术、不懂管理、无法应对市场变化等难题，所有农业产业均严格按照标准化流程生产，实现农产品 100%标准化率，香蕉鲜果达到国家绿色食品 A 级标准。当前，这种模式中的流转土地面积约占 70%，把公司发展与小农户获益紧密联结在一起。

2. “公司+产业联盟”联结模式

这种模式主要是由小农户出租土地、提供劳动力，公司与小农户签订产业联盟协议。公司负责种植方案规划、种植标准制定、农作物收购，小农户按照企业要求进行种植管理。公司按照原定基本价收购已成熟农产品，再将农产品按照市场价进行销售，超出基本价部分由公司与小农户按比例进行分成，小农户获得“基本价+超额分成”的收益。当前，这种模式中的流转面积约占30%。

二、广西金穗企业与小农户互利发展中存在的问题

（一）部分小农户主动发展意识不强

小农户是一个分散的群体。广西金穗企业的带动辐射作用不断扩大，形成了“核心区—拓展区—辐射区”三个阶梯带动的发展模式。根据实地考察，2018年各区小农户人均可支配收入估计值如图4-3所示。考察发现，每个区域小农户的收入不一致，核心区的小农户发展较早且主动与企业建立更加紧密的利益关系，分布在拓展区、辐射区的小农户也正在紧跟核心区小农户的步伐，抓住机会与金穗企业健全合作关系。同时，单纯依靠金穗公司主动带动小农户还远远不够，每个区都有部分小农户愿意将土地流转出去，但他们在加入承包和促进收入多元化方面表现出“不着急”，而是单靠土地租金作为收入。部分小农户在承包土地进行香蕉种植后，因自身文化水平较低，仍采用过往经验和传统种植技术，不能在短时间内掌握新的种植技术，导致香蕉出现病症，最终枯萎而死，从而导致这部分小农户对香蕉种植、企业合作产生失望情绪。同时，也有一部分小农户加入合作社后，表现出“不做事、事不尽力”的懒惰行为，导致合作社经营管理成本增大，企业发展利益受损。

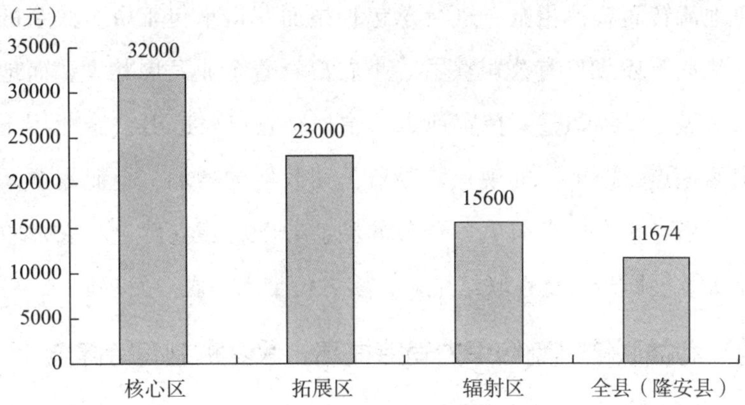

图 4-3 2018 年利益联结机制中小农户人均可支配收入

资料来源：实地调研考察。

（二）合作社带动效应低

在金穗模式中，70%的小农户与金穗企业之间采用“龙头企业+小农户”的模式进行组织管理，中间无其他组织存在。金穗与小农户都是独立的个体，在利益联结中金穗需要带动多而散的小农户。若遇到法律观念较弱的小农户，时常出现违约现象，企业管理成本就会较高；若小农户自身处于劣势，在与企业进行利益谈判的过程中处于不平等地位，其自身利益就可能得不到有效保护。如果中间有专业的农民合作社把分散在各地的小农户聚集到一起，统一管理，使他们同样按照企业的生产标准进行大规模生产，同时合作社全面代表小农户的发展利益与企业进行交流、签订订单，维护小农户的利益，那么“龙头企业+小农户”模式中存在的问题将能得到解决，发展成“龙头企业+合作社+小农户”模式。根据问卷调查数据统计分析，150 户小农户中仅有 63 户加入了合作社，剩下的小农户仍是“单打独斗”。这说明，在未来的发展中还需要发展壮大合作社，让其功能得到合理发挥。

（三）利益分配机制有待完善

广西金穗企业与小农户之间的利益分配只存在于初级产品阶段，如小农户进行土地流转而获得租金、进行承包种植而获得承包工资。其余的农产品深加工、流通等环节只有公司获益。小农户看着企业发展壮大，而地租价格却没能及时做出大幅调整。在实地走访中，有农户表达出“企业用土地赚大钱，却只给一点点地租”的观点。随着公司收益的增加，企业需要承担更多社会责任，引导小农户参与更多环节的利益分配，建立健全小农户收入增加与公司扩大发展同步的良性联结机制，多方位带动小农户发展。

（四）利益联结机制约束力有待提高，保障机制有待健全

小农户与金穗企业之间的合同应与时俱进、不断完善，防范因合同内容不健全、市场变化等不确定性因素而产生违约等风险。当前，金穗与小农户之间的合同需要规范化，要明确双方的权利与义务，例如在合同书上标明农产品的收购价格、产品质量要求、违约责任等。此外，还应进一步明确当双方出现利益冲突时，以合同落实为准。部分小农户思想觉悟较低，当市场价格过高时会偷卖农产品，使公司受到巨大损失。因此，需要完善对双方进行监督与违约惩罚的机制，增加违约成本，用硬性约束条件降低小农户违约的潜在风险，进一步加强合作关系、提高双方信任度。

三、 制约广西金穗企业与小农户互利发展的因素分析

（一）部分小农户文化水平有限

广西金穗企业自进行土地流转以来，以隆安县那桐镇为核心，扩展到乔建镇、小林乡、南圩等多个乡镇、村庄。2017 年，土地流转面积由最初种植的 1300 亩发展到了 5.6 万亩，这说明广西金穗企业需要带动分布广而散的小农户发展。文化水平较高的小农户很快就与金穗企业达成共同发展意愿，并能够较快掌握种植技术和管理经验；而对于那些思想观念较落后、文化水平有限的小农户，则需要开展思想工作才能使他们有意愿与金穗企业建立利益联结机制，后期还易出现种植管理不到位导致的农产品不丰收、违约等现象。

根据实地调研发现，广西金穗企业周边农村地区普遍面临农村富余劳动力的转移、流失问题。青壮年劳动力向城市流动，主要是由于城市收入比留守农村收入高，这部分人不愿意留在农村成为小农户。而留在农村的小农户多为妇女和50岁以上的老人，这部分小农户接受文化教育的程度普遍不高，整体文化水平偏低。以接受调查的150户小农户为例，拥有初中文化水平的小农户所占比例较高，如图4-4所示。

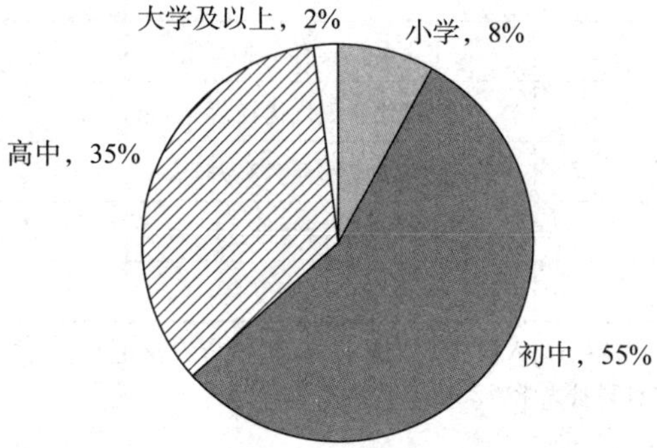

图4-4　150户被调查小农户文化水平比例

资料来源：实地调研考察。

（二）合作社组织化程度低，发展不规范

广西金穗企业直接与大多数小农户建立利益联结关系，而“龙头企业+合作社+小农户”模式较少。这种现象的主要原因是缺乏领导管理者，村庄大多数有能力、有文化的青壮年均外出打工，留在村庄开展承包种植的多为外出务工返乡人员或者一直留在家乡的中老年人。这样的群体中有想法和能力、愿意站出来组织小农户一起发展的能人少之又少。同时，现有的合作社受地理位置限制，无法囊括所有的小农户，只能将本村周边的小农户组织起来，管理制度也不够完善。

（三）小农户与企业之间地位不对等

广西金穗企业拥有雄厚的资本和自主研发的核心技术，内部组织化程度较高，能够实现大规模机械化经营并灵活应对市场变化，在整个利益联结机制中居于主导地位。而小农户作为独立经营主体，实力比较弱，对市场信息把握不全，一般无法实现大规模种植经营，能够充分利用的资源有限，因此小农户在利益联结机制中往往处于不利地位，如表4-3所示。

表4-3 广西金穗企业与小农户身份地位不对等情况分析

项目	广西金穗企业	小农户
法人地位	独立企业法人	农户个人
文化水平	人才众多，具有企业文化	参差不齐
经营方式	规模化、现代化经营	家庭分散经营
经济实力	具有雄厚的经济实力	资金比较缺乏
市场信息	能够灵活掌握	比较封闭，缺乏信息渠道
组织化程度	内部组织化程度高	个体经营，大户较少

资料来源：结合实地考察与前人研究：张衡．呼和浩特市农业龙头企业与合作农户利益联结机制研究［D］.咸阳：西北农林科技大学，2017.

（四）利益联结机制设计不够全面以及落实不到位

广西金穗企业与小农户签署合约，采用合约的形式建立利益联结机制，利用合约规定各方的权利和义务。但随着辐射区的扩展，各个村庄情况也有所不同，村与村之间还存在土地权属不清的纠纷问题，因此采用一套利益联结机制无法满足现实需要。双方之所以建立合作关系，是因为都想追求各自的利益最大化，当出现利益冲突时，就会发生违约行为。比如，双方根据前期市场农产品价格，初步确定合同中约定的农产品价格，但农产品价格具有波动性，最后若市场价格高于原定农产品收购价格，就会出现部分小农户违约的现象。由于合作前期合同制度不全面，双方的条款设计不够严谨，导致在出现违约现象时，没有一个可行的解决方式使双方继续履行责任。企业往往也不愿意耗费大量人力和物力去追究责任，最终导致双方利益联结机制被完全破坏。

四、 完善龙头企业与小农户利益联结机制的建议

（一）分别提高利益联结双方实力，促进利益联结机制有效建立

1. 加强小农户技能等文化培训，提高其文化水平

由政府牵头，企业和合作社具体实施，组织小农户集体参加培训学习。具体手段包括：组织在种植过程中遇到问题的小农户到同一个地方进行系统学习，组织小农户参观企业示范园和种植情况较好的小农户，组织评比和分享经验等。同时充分发挥媒体中介作用，加大宣传力度，线上运营微信公众号、学习 APP，让小农户自主学习，提高自身能力，逐步提升小农户整体文化水平。进一步加大农村地区教育扶持力度，完善教育基础设施，增强法律意识并做好诚信教育，让小农户掌握法律基本常识，懂得诚实守信的重要性，降低合同违约率。

2. 壮大发展广西金穗企业，延长产业链，促进企业带动小农户发展能力的提升

广西金穗企业自身要充分利用各项政策优势，发展壮大自身实力，始终坚持“立足生态农业全产业链建设、促进一二三产融合发展”的指导思想，始终坚持产业发展和科技进步相结合，继续在农业生产、人才培养、技术创新、科技推广等领域自主研发核心技术，逐步形成囊括“农业种植、农产品深加工、现代物流、休闲旅游”四大核心产业的全新发展格局。金穗作为龙头企业，要积极参与乡村振兴建设，在原有示范园基础上，进一步带动香蕉深加工、现代物流、休闲旅游等产业发展，实现第一、第二、第三产业深度融合发展，延长企业产业链，推动香蕉主产业由低附加值向高附加值转变，从粗放型产业升级到集约型产业。通过打造“香蕉+乡村旅游”特色产业，发展农业产业、传统文化、“美丽乡村”建设与生态农业观光深度融合的“金穗模式”，不断提高小农户收入。

（二）完善合作社组织，充分发挥中介组织的作用

随着金穗企业的发展壮大，企业辐射村庄的面积也随之扩大，小农户数量不断增加。若企业跟每个小农户单独签约成本就会较高，管理也具有一定的难度，所以需要健全农民专业合作社体系，在合作社基础上发展“法人+种植户”模式和“种植平台”模式。要扶持合作社的发展，使其将分散的小农户组织起来，提升农村地区农民组织化程度；使其成为小农户的代表与企业进行谈判，发挥纽带与桥梁的作用；使其维护小农户的利益，也为企业减少生产成本。运用“龙头企业+合作社+小农户”组织模式，改变原来企业与小农户之间地位差距过大的局面，使新型农业经营主体与小农户之间的利益联结更加紧密。

（三）健全农村地区信用体制机制，提高利益联结机制约束力

新型农业经营主体与小农户之间的合同契约不够完善，易出现违约现象，这将严重影响双方构建紧密的利益联结机制。根据金穗企业周边农村地区的实际情况，企业和小农户之间构建信誉机制比较符合现实所需。首先，企业考虑和信誉较好的小农户进行长期合作，小农户也想和不拖欠工资、讲信誉的企业合作，那么通过建立信誉机制、完善农村地区信用体制机制，可以有效约束双方的利益关系。其次，需要加强有效沟通。企业需要不定期向有合作关系的小农户宣讲企业自身的管理经营、种植技术，小农户也要向企业反馈自己的承包种植情况，双方可以采取定期召开座谈会议的方式，相互了解双方面临的困境、需求点，从而建立良好的信誉机制。对于那些不遵守合同的小农户，可采用曝光信息的方式，增加违约惩罚，从物质和道德两方面对其进行约束。

（四）加大政府扶持力度，完善联结利益保障机制

1. 完善基础设施，提供机械化生产条件

首先，当地政府需重视农业基础设施的建设、养护，面对未建设农业基础设施的地区，应加大建设资金投入，比如牵头建设农田水利设施，支持企

业研发防治香蕉、火龙果病虫害的农药，开展农产品新品种研制，以及安排相关研究院对本地区农业基础设施进行研究等。因为这些需要大量资金和技术，小农户是无法完成的。其次，农业田地主要干道基础设施的维护可采用政府财政补贴、企业具体负责落实的方式。面对市场的变化，政府需要完善市场信息系统，及时公布各类农产品市场价格、供求信息、天气情况、防灾措施等，让企业、小农户能够不出门便可以了解市场情况，遇到突发情况可以降低财产损失。

2. 各项政策向利益联结双方倾斜

首先，当地政府要落实上级政府出台的各项政策。上级政府是从宏观层面出台政策，促进新型农业经营主体与小农户的利益联结，本地政府可以根据上级文件精神，结合本地实际情况制定符合本地实际情况的详细扶持政策。其次，在农村金融政策方面加大支持力度，对新型经营主体可以在农业投资贷款项目上减免部分税费，减轻企业负担。最后，我国当前各级政府已为小农户出台惠民农业补贴政策，但需要完善针对小农户的补贴机制和创新补贴形式，解决补贴拖延下发的现象，加大对农业补贴资金的监督力度，鼓励丘陵山区小农户购买小型农机设备。

总之，小农户作为实施乡村振兴战略的重要主体，扶持小农户生产发展需要培育壮大我国新型农业经营主体，解决小农户单独干而干不了、做不好的问题，充分发挥新型农业经营主体的带动作用。

通过系统分析广西金穗企业与小农户的利益联结模式，笔者发现存在双方利益联结不够紧密、小农户的市场话语权和谈判权仍处于弱势地位、小农户组织化程度不高、利益联结机制约束力不够强、企业管理不够全面等诸多问题。下一步，广西金穗企业与小农户可通过提升自身能力、促进农民合作社发展、建立信誉机制、提高政府服务水平等措施健全双方的利益联结机制。新型农业经营主体与小农户之间只有建立健全“利益共享、风险共担”的利益联结机制，才能在推动小农户能力增强、与现代农业有机衔接、实现脱贫致富和收入稳定增收的同时，又能促进多种适度规模经营发展、发展壮大新型农业经营主体，使我国现代农业经营体系不断完善。

第三节　案例分析

本节提供了两个龙头企业带动小农户发展的典型案例。带动小农户发展是龙头企业的应有之义。这两个案例表明，只要能建立起小农户与龙头企业的利益联结机制，就能充分发挥龙头企业的带动作用，促进小农户融入现代农业的发展轨道。

案例一　红河温氏公司扶持贫困小农户创造美满生活①

一、基本情况

2015 年，广东温氏集团与红河州人民政府正式签订“300 万头生猪产业化养殖基地”项目合作协议。该项目计划总投资 82.26 亿元，在红河州规划建设 3 个饲料厂和 17 个种猪场，以蒙自、开远、弥勒、建水为中心，辐射周边县市，发展合作家庭农场，预计到 2023 年实现每年上市肉猪 300 万头的目标。自项目实施以来，温氏公司创新了合作养殖模式，通过把生猪养殖与产业扶贫紧密结合，实现资产化、股份化、产业化，将贫困户精准对接到产业链上，使其长期稳定分享产业发展红利，从而探索出了一条独具特色的温氏产业扶贫之路。

二、主要做法

（一）整合资金高效扶贫

个旧市蛮耗镇、弥勒市五山乡、泸西县永宁乡和向阳乡几个地区实施“公司+政府出资+贫困户”扶贫模式，探索“政府资金拨改投”“投转股”“利到户”的扶贫资金使用方式，提升扶贫资金使用效益。乡镇政府整合扶贫

① 中共云南省委农村工作领导小组办公室，云南省农业农村厅．云南省产业扶贫典型案例汇编［Z］.2018（10）.

资金，建设符合温氏标准的高效养殖场，委托生猪养殖合作社或专业人员经营管理。温氏公司垫资购买设备并按照“五统一”（统一供苗、统一饲料、统一管理、统一防疫、统一销售）标准提供服务，经营利润分配给相关贫困户。四乡镇共建成养殖场5个，带动470户贫困户年增收5000~6000元。

（二）合作经济助力脱贫

项目实施之前，蒙自市芷村镇和水田乡、个旧市卡房镇和保和乡的贫困户存在很大的融资困难。对此，政府引导贫困户加入合作社发展合作经济，由合作社与鑫龙公司合作捆绑后再与温氏公司开展合作，合作社和鑫龙公司分别按49%和51%比例入股共同出资建设养殖场，经营管理由鑫龙公司负责，生产经营利润按股分红，合作社利润按章程约定分配给入社贫困户。四个乡镇共投资约2300万元建设高效化猪舍，每年可出栏肉猪31600头，直接带动926户贫困户实现平均年增收3000元。

（三）能人牵头引领扶贫

石屏县能人牵头与温氏公司合作建设生猪养殖场2个，总投资260万元，其中能人投资100万元，占股55%；省招商合作局产业扶贫资金投入100万元，占股45%，作为109户贫困户和村集体的入股资金；温氏公司设备垫资60万元。乡土能人牵头带动，挂包单位支持，养殖扶贫模式收效明显。

（四）易地建园集中扶贫

红河、元阳两县政府与温氏公司探索“跨行政村成立合作社”模式，贫困户以产业扶贫资金和小额扶贫贷款入股合作社，通过统一规划选址“抱团”建设养殖小区，让贫困户获得股份分红和务工收益，实现易地集中扶贫。红河县建成阿底坡易地集中扶贫养殖小区，整个工程计划建设高效化猪舍50栋，年出栏生猪15万头，预计带动建档立卡贫困户1200户。2018年，一期工程顺利开建，政府整合投入涉农资金3600万元，红河库博农业开发有限公司提供土地并负责经营管理，温氏公司提供仔猪、饲料并垫资设备，贫困户以小额扶贫贷款入股合作社参与生产经营，预计建成投产后可带动贫困户288户。元阳县建成红河谷养殖扶贫示范园区，整个工程计划在南沙镇呼山村委会团结村、呼山畜牧场等地建设高效化猪舍54栋，年出栏肉猪20万头以上，预计带动54个贫困村的集体经济发展，使2460户贫困户脱贫。

三、主要成效

2018年，温氏集团已在蒙自、弥勒、建水、开远分别成立4个分公司，在建4个高效化种猪场，完成投资2.2亿元。投建20个精准扶贫养殖场，政府整合资金投入1962万元，温氏设备垫资1600万元，创造带动1265户贫困户，户均年增收3000~5000元，15个贫困村集体经济收入实现零的突破。

四、主要启示

温氏生猪养殖扶贫取得成效，主要有五点启示。

政府引导是关键。温氏在红河推进生猪养殖扶贫工作，各级党委、政府充分发挥“指挥部”和“总调度”作用，把政府支持、企业优势、贫困户需求与现代农业发展有机结合，引导贫困户在养殖经营工作中发挥关键作用。

资金聚合是动能。把分散的产业扶贫资金、小额扶贫贷款、挂包单位帮扶资金和社会资本等整合形成规模资本，产生聚合效应。通过资本联结，让扶贫资金变股金、贫困户变股东，形成持续稳定的增收动能。

合作组织是支撑。通过合作经济组织把贫困户的劳动力、土地、政府支持等资源聚集成新合力，形成利益共同体，实现抱团发展，为温氏扶贫项目快速有序地推进提供有力支撑。

“包保”服务是保障。温氏养殖扶贫采取包提供仔猪、包饲料、包防疫、包技术、包育肥猪回购，保证合理利润的“五包一保证”合作模式，加之政府的扶贫资金投入和企业的设备垫资支持，让合作贫困户既能有效规避风险，又能以最低门槛参与生产经营，这些包保服务是项目推进的保障。

激活动力是核心。贫困群众普遍缺乏现代养殖技术知识和有效的市场销售途径。温氏在合作过程中，安排技术人员进行技术指导培训，帮助贫困群众学会使用现代养殖机械设备，将普通农民变成具备现代养殖技能的职业农民，激活贫困群众依靠自身脱贫致富的内生动力。

案例二　陇川正信蚕桑产业带动农民脱贫致富①

一、基本情况

2016年，德宏正信实业股份有限公司在陇川县章凤乡建设陇川桑蚕茧精深加工产业化项目，带动农民脱贫致富。项目累计投资2.1亿余元，建立12处桑蚕生产发展基地，发展桑园4.8万亩，签约贫困户7000余户，其中建档立卡3614户，占比51.63%。

二、主要做法

（一）主体带动

采取“公司+基地+农户”的产业化发展模式。公司在乡镇建设小蚕共育基地，1~3龄蚕由公司基地饲养，4龄以上蚕配送给农户饲养。公司全程跟踪，指导农户种桑养蚕，并大力推广多批次、省力化养蚕模式。农户每年平均养蚕15批次。

（二）利益共享

公司和建档立卡户签订代养合同，规定由公司负责蚕茧回收，并确定蚕茧回收最低保护价。签订代养合同者，公司可为养殖户赊销垫付大棚建设物资和种桑农药、化肥等物资。蚕茧回收后，养殖户再将钱款分期、分批还给公司，公司累计垫付物资价值超过1300万元。因利益共享，公司与养殖户合作紧密，产业发展顺利。

（三）政府引导

德宏州有关政府部门支持和引导建档立卡户参与丝绸产业融合发展，将“造血式”扶贫与“输血式”救济相结合，实施短期、中期、长期项目配套措施，以短养长、长短结合，让建档立卡户分享产业链收益，使近期脱贫与长远致富一脉相承，真正实现“发展产业，富裕百姓”。

---

① 中共云南省委农村工作领导小组办公室，云南省农业农村厅．云南省产业扶贫典型案例汇编［Z］.2018（10）.

（四）境外发展

公司产品除了在国内市场进行销售外，也向国外开拓国际市场。公司充分利用境外资源进行原料生产，大力发展桑蚕产业替代种植，在缅甸掸邦地区建设桑蚕生产发展基地16个，发展桑园30000亩，当地农户鲜茧销售收入可达3000万元人民币。

三、成效和启示

（一）农户增收效果好

2017年，陇川全县发放6877张蚕种，收购鲜茧30吨，平均单张蚕茧产量43.6千克，农户实现鲜茧销售收入1161.73万元。其中，总蚕茧收入超过1万元的农户有360户，其收入合计占总蚕茧收入的50%左右；其中收入超过3万元的农户有37户。

2017年，勐约乡销售蚕茧收入超过1万元的有109户，其中2万元以上的有30户，广瓦村委会的一户建档立卡贫困户年总收入甚至达到了6.2万元。

（二）示范带动作用大

2017年，陇川县收入最高的农户，其卖茧收入达8.97万元。通过示范户带动，贫困户自觉拿出好地栽桑的积极性逐步提高，勐约基地农户栽植桑树已达3100亩。

（三）利益联结机制紧

公司把企业发展和贫困户收益紧密结合，树立德宏州桑蚕农户“当年脱贫，三年奔小康”的发展目标。盈江、芒市、梁河三县区是从2017年开始发展的新区，2017年共收购鲜茧42707千克，农户实现鲜茧销售收入165万元。按照公司的统计和测算，第一年的新桑园投产后平均每亩收入1000~1500元，第二年收入2500~3000元，到第三年丰产后收入可达4000元。

第五章　建立健全面向西南农村地区小农户的农业社会化服务体系

本章论述如何为西南农村地区小农户提供农业社会化服务，以促进其有机衔接现代农业。首先，在理论层面阐述了农业社会化服务的含义、发展农业社会化服务对小农户的作用，以及面向小农户的农业社会化服务的模式；其次，探讨了面向小农户发展社会化服务的机制机理，实证分析西南农村地区小农户对农业社会化服务的需求意愿、影响因素及应对策略；最后，根据理论和实证结论，提供了西南农村地区面向小农户发展农业社会化服务的典型案例。

第一节　面向小农户的农业社会化服务体系概述

一、农业社会化服务概述

（一）农业社会化服务的相关含义及其在我国的发展过程

1. 农业社会化服务的含义

农业社会化服务是一个具有浓重中国特色的概念①，并且在实践的发展中

① 国外的部分研究中使用“农业服务”的概念。这可能是因为这部分国家的农业生产原本就是一种市场化程度很高的社会化生产，不用特意强调服务的社会化性质。

发生了很大的变化，其内涵和外延不断得到丰富和完善①。1983 年中央一号文件提出“社会化服务”的概念。最初其含义局限于产前、产后的社会化服务，后来逐步扩展到了产前、产中、产后各环节，覆盖了农业的生产和流通两个方面的服务；具体又包括五种类别，即农业生产资料的购置和农产品销售服务、农业生产辅助性服务、农业技术研发与推广服务、农业信息服务、农业金融服务。随着工业化和社会化大生产向农业领域不断渗透，农业社会化服务应运而生。农业社会化服务的出现，不仅能促进农业生产由自给自足的小规模生产方式向分工协作的专业化、商品化的社会化生产转变，还意味着现代农业先进技术及经营管理方式在农业中得到广泛运用，因而被看作传统农业向现代农业转化的重要标志之一。

2. 农业社会化服务体系的含义

农业社会化服务体系是关于为农业生产提供社会化服务的主体、方式及机制等的一系列制度安排。首先，农业社会化服务主体是服务的提供者。我国的农业社会化服务主体涵盖了公益性服务主体和营利性服务主体两类②。前者包括政府提供农业技术推广等服务的部门；后者的范围较为广泛，包括专业的农业服务公司、农民合作社、龙头企业等。培育更为广泛的服务主体是完善农业社会化服务体系的基础。其次，创新多种形式的服务方式是完善农业社会化服务体系的重点。除了直接为农户提供传统的生产技术推广外，近年来很多新型服务主体探索了土地托管等新型服务方式，进一步提高了对农户的服务水平。最后，探索如何更好地为农户服务的机制是完善农业社会化服务体系的关键。依据农民的需求创新更多形式的服务、引导农民乐于接受社会化服务，是农业社会化服务能够充分发挥作用的关键。农业社会化服务

---

① 随着《关于加快发展生产性服务业促进产业结构调整升级的指导意见》《关于加快发展农业生产性服务业的指导意见》和《关于进一步做好农业生产社会化服务工作的通知》的印发，我国越来越重视农业生产性服务。理论界的研究似乎也有逐渐从农业社会化服务向农业生产性社会化服务转变的趋向。关于两者的区别，本节第二部分将做简要分析。也有学者认为两者其实相差不大，其核心内容是基本一致的。

② 也有学者认为政府部门提供的公益性服务不属于社会化服务的范畴。

体系实质上就是农业市场化的分工体系。随着农业生产社会化程度的不断提高，越来越多的农业生产环节逐渐从农业生产过程中分化出来，独立成为新型农业服务部门，这些服务部门通过市场机制与传统的农业生产部门产生联系，为农业生产提供所需的社会化服务，与农业生产形成一个有机整体。农业社会化服务是农业社会化生产发展到一定阶段的产物，完善的农业社会化服务体系是农业现代化的一个重要标志。

3. 我国农业社会化服务的发展过程

我国现代农业发展经历了一个从通过土地流转实现规模经营向发展农业社会化服务转变的过程。我国在二十世纪七八十年代开始实行家庭承包经营，大大促进了农业生产力的发展，同时也带来了土地细碎化、家庭经营规模过小的问题。无论是理论界还是实务界，对于在小规模家庭经营基础上能否实现现代化，以及通过什么样的途径实现现代化，一直存在不同的看法。早期的思路是发展以“公司+农户”为主导的农业产业化模式，通过大力发展以龙头企业为主的新型农业经营主体带动农户实现农业现代化。2008 年以后在政策的推动下，以土地出租为核心的土地流转比例不断上升，国家鼓励通过土地流转使土地集中到新型农业经营主体手中，从而实现适度规模的经营体系。这就是通过土地流转达到规模经营从而实现农业现代化的模式。这种模式在 2015 年发生了转变：一方面，多年的发展并没有彻底改变土地规模经营水平不高的状况；另一方面，土地流转的增速出现了下降的“拐点”，希望通过土地流转实现农业规模经营，实际上已经遇到了问题。党的十九大报告提出“实施乡村振兴战略”“实现小农户和现代农业发展有机衔接”，此后，越来越多的学者主张通过发展农业社会化服务来实现农业适度规模经营。在实践过程中，农业社会化服务在全国各地得到了蓬勃的发展。

（二）发展农业社会化服务对小农户衔接现代农业的作用

理论和实践证明，农业社会化服务既能推进多种形式的适度规模经营不断发展，又能实现小农户与现代农业发展的有机衔接。越来越多的学者认为，中国特色农业现代化的本质应该是服务规模化，而不是经营规模化。新型农业经营主体和服务主体可以与小农户结成紧密的利益共同体，通过社会化服务带动小农户开展专业化、规模化、市场化的农业社会化生产，逐步把小农户融入现代农业发展轨道。

第一，发展农业社会化服务有利于解决小农户家庭小规模生产经营和社会化大生产之间的矛盾。长久以来，小农户作为我国农业的基本经营单元，被实践证明是适合我国国情、农情的。但是，随着农村劳动力老龄化问题日渐突出，很多小农户在生产过程中面临许多困难，越来越多的事情仅靠一家一户是办不了、办不好的。这就需要通过各类农业服务组织来完成。目前，我国很多地区探索了多种形式的社会化服务，如成立土地股份合作社开展土地托管、代耕代种以及病虫害防治等。这样不仅能有效地解决小农户在采用现代农业技术等方面的困难，还能将小农户生产方式融入农业社会化大生产中，构建以家庭经营为基础的现代农业生产经营体系。

第二，发展农业社会化服务有利于小农户增产、增效、增收。通过发展农业社会化服务，新型农业服务主体可以为小农户集中购置生产资料、推广先进农业技术。而农业机械化作业能够有效降低农业生产作业成本，提高小农户的生产效率。可见，通过农业社会化服务的实施，可以帮助小农户降低成本、提高效率，获得更高的产出，促进小农户增加收入。

第三，发展农业社会化服务有利于小农户实现农业生产方式的现代化，促进农村基本经营制度的巩固和完善。舒尔茨指出，引入合适的农业生产要素是传统农业转变为现代农业的关键。发展农业社会化服务能有效地实现这个过程。很多现代农业生产技术如果由单个农户购置使用，从经济上看并不划算。而小农户与服务主体通过多种形式开展合作，可以用较低成本将现代生产要素引入小农户生产中，实现小农户生产与现代生产要素的有机结合。发展农业社会化服务，既能不改变家庭经营的基础性地位，又能促进小农户生产的现代化，实为我国当前农村基本经营制度之下的合理选择。

二、面向小农户的农业社会化服务体系的内容

目前，我国已初步建立起完整的公益性和营利性服务体系，公益性服务主要由政府公共服务机构提供，提供营利性服务的主体包括农民合作社、龙头企业以及专业服务公司。这些服务主体担负着为农户提供发展现代农业所需各种服务的责任。这些种类繁多的服务可以按照不同的标准分为不同的类型。按服务性质的不同，可以分为公益性服务和营利性服务；按服务主体的不同，可以分为政府的农业公共服务、农民合作社或农业龙头的服务，以及专业服务机构提供的服务；按服务方式的不同，可以分为政府主导的服务、市场主导的服务以及农民自助式服务。无论如何分类，其服务内容大致包括以下几项。

（一）农业生产性服务

近年来，“农业生产性服务”的概念在中央的政策性文件中多次出现，2017 年，原农业部、国家发展改革委和财政部联合印发了《关于加快发展农业生产性服务业的指导意见》，该文件把农业生产性服务定义为“贯穿农业生产作业链条，直接完成或协助完成农业产前、产中、产后各环节作业的社会化服务”。① 这些服务全面涵盖了农业生产经营的各个环节，包括农业技术服务、农业机械化服务、农业生产资料配送服务、病虫害防治服务、农业污染治理服务、农业金融保险服务等。农业生产性服务是专门为农业生产作业提供的服务，引导小农户采用先进的农业生产技术，为小农户融入现代化生产提供了保障。它既是促进小农户降本、增效、增收的重要手段，也是构建以

① 农业生产性服务在概念上确实容易与农业社会化服务混淆。有学者从两者的服务范围进行区分，认为农业生产性服务是从属于农业社会化服务的概念，其服务范围不包括农业生产资料和农产品的流通服务，但是我国出台的多个政策文件中似乎没有体现出这样的区分。也有学者认为二者在方向和内容上大致相同，只是强调的重点明显不同，前者更强调服务的系统性和配套性，更多的是政府主导的公益性服务和传统经营性服务；后者更强调服务供给的市场化和产业化，强调服务的价值创造功能。

小农户为主体的现代农业生产体系、产业体系和经营体系的迫切要求。

培育能够满足小农户需求的多元化农业生产性服务主体，是发展农业生产性服务的关键之举。对此，应该按照政府引导和以市场为主的思路，加快培育服务多元化、专业化、市场化的各类服务主体，充分发挥不同类型服务主体的比较优势。第一，重新挖掘农村集体经济组织的统一经营功能，为小农户提供各种农业生产性服务。第二，完善农民合作社的服务功能，提升其向社员提供生产经营服务的能力，充分发挥引领成员对接市场的中介作用。第三，激励龙头企业发挥带动作用，鼓励其完善基地建设，采用订单收购、入股经营等方式为农户提供全程服务。第四，扶持各种专业服务公司，通过成熟的、专业化的服务和灵活的服务机制为小农户提供所需的服务。第五，充分发挥公益性农技推广机构在研发和推广方面的优势，为小农户提供多种形式的技术指导服务。农垦企业、供销合作社组织也要发挥自身的优势，通过实施各种惠农服务工程服务小农户。同时，还可以采用政府购买服务等方式，由政府购买服务并免费提供给小农户。

（二）农业生产托管

农业生产托管①是农户等经营主体在不流转土地经营权的条件下，将农业生产中的耕、种、防、收等全部或部分作业环节委托给服务组织完成或协助完成的农业经营方式。② 农业生产托管相对于其他农业社会化服务的最大优势，就是不需要流转土地经营权给其他经营主体。这充分保障了农户的合法权益，大大降低了农户的土地经营权受到不法侵害的可能性，解除了小农户的后顾之忧。发展农业生产托管，不仅可以帮助完成单个小农户无法完成的生产作业，还能帮助有意愿从事其他非农工作的小农户从繁重的农业生产中解放出来，使小农户能够分享到工业化、城镇化带来的好处。

① 农业生产托管服务主要包括统一深松整地、集中育秧、统一播种、统防统治、统一收割、统一烘干仓储等全部或部分作业环节的服务。

② 农业部，国家发展改革委，财政部．关于加快发展农业生产性服务业的指导意见［EB/OL］.［2017-08-16］.http：//www. gov. cn/gongbao/content/2018/content_5271797. htm.

在实践中，新型服务主体和广大农民探索了多种农业生产托管形式，小农户可以根据自身的需求选择单环节托管、多环节托管、关键环节综合托管和全程托管等不同的托管服务。各地区的农民群众在政府的引导和支持下，根据不同的资源禀赋，创新出许多适合本地区实际情况的托管模式，比较典型的有“土地托管”“代耕代种”“联耕联种”“农业共营制”等。实践证明，这些托管服务带动小农户发展取得了良好的效果。根据农业农村部的统计，截至2019年底，全国共成立了89.3万个农业社会化服务组织，其中农业生产托管组织超过44万个；为农户托管服务面积超过15亿亩次，其中服务粮食作物面积达8.6亿亩次；服务带动小农户超6000万户。①

专栏5-1　土地托管的三种模式②

一、土地全程托管模式

土地全程托管是指农户在土地托管以后，托管主体围绕农资、耕作、管理、收获、加工、销售等全程进行的“一条龙”“打包式”服务。全程性的托管服务不仅能有效利用农机设备，还能明显降低各种农用物资和机械作业的成本。农户只需支付给托管主体相关的费用就可以获得农业生产收成，双方形成了一种互利共赢的局面。

“全托管”服务模式有两种：一种是“实物”型服务，农民收益通过实物体现。农民将土地交给服务主体全程打理，每亩支付一定的托管费，服务主体向农民承诺农作物保底产量，收获物全部归农民。另一种是“货币”型服务，农民收益通过货币体现。农民将土地交给服务主体打理，每亩获得土地租金收益，收获物归服务主体。“全托管”主体服务的对象可以是种粮大户、家庭农场等规模种植户，也可以是零散种植的农户。这种模式用扩大服务规模的方式来弥补耕地不足的问题，同时解决了农民不愿意放手土地的问题。

---

① 农业农村部农村合作经济指导司．全国农业社会化服务典型案例［M］.北京：中国农业出版社，2020.

② 土流网．土地托管与土地流转，哪种方式更受欢迎？［EB/OL］．［2017-12-14］.https：//www.tuliu.com/read-57821.html.

二、劳务托管模式

土地劳务托管模式是指农业劳务公司与农户签订协议后，农户提前向农业劳务公司支付费用，之后劳务公司把买种子、育秧、整田、栽秧等种植的主要劳动全部承包，集中进行育种、插秧、施肥、施药、收割。种植户只需承担服务费和种子、农药、肥料等生产所用的物资费用。

劳务托管模式的经典案例之一是种粮大户邓正康在与合作社签订了水稻全程社会化服务协议后，将自家的20亩田地全部交由合作社打理，当起了“甩手掌柜”。按照协议，该公司会提供生产过程中的集中代育秧、机械化耕整、机械化插秧、统测统配施肥作业、机械化病虫害统防统治、机械化收割和稻谷机械化初加工七个环节的全程社会化服务。

三、订单托管模式

土地订单托管的概念是指服务机构对农户实行“统一供应良种、统一供应化肥、统一机械播种施肥、统一田间技术指导、统一病虫害防治、统一回收储存销售”的托管服务模式，同时通过回购的模式帮助农户解决销售问题。

订单托管模式的经典案例之一是山东广饶县供销社以全国供销社系统综合改革为契机，以农民专业合作社为载体，积极探索“订单式”土地托管新模式，通过推广“订单式”大田糯玉米产业化托管种植，开辟出一条为农服务的新路子。

通过领办、创办农民专业合作社，广饶县供销社积极寻求与农业龙头企业加强合作的机会，建立并巩固了“龙头企业+合作社+基地+农户”的农业产业化生产模式，使龙头企业、合作社、基地和农户之间形成了机制联结、利益共享的紧密关系。广饶县供销社依托参股成立的广饶锦绣千村种植农民专业合作社，与国外大公司签订糯玉米收购订单，与农户签订糯玉米种植回收合同，并为农户提供产前、产中、销售“一条龙”服务。合作社一头连着国外龙头企业，一头连着基地。农户生产的糯玉米全部出口国外，解决了农户一家一户生产与销售脱节的关键问题，消除了农民的后顾之忧。

（三）农产品营销服务

农产品能否顺利销售出去关系着小农户的价值实现，农产品营销是提高小农户农业收入的重要环节。农产品营销服务主要适用于土地资源相对丰裕、市场化程度较高，但人力资源相对稀缺的地区。农产品营销主要有农超对接、农批对接、农社对接等方式，目的在于拓展小农户营销渠道。

（四）农业基础设施服务

农业基础设施落后是制约小农户发展的重要因素。政府和农业服务主体可以共同建设良好的软、硬农业基础设施，为小农户生产经营和创新创业提供便利条件和良好的环境。在小城镇的建设中，要发挥小城镇服务农业生产的功能，带动小农户融入区域性产业链和生产网络。具备条件的地区可以建设农业产业园区，引导农产品加工等相关产业聚集，降低生产成本，形成聚集效应和规模经济效应，带动小农户发展现代农业产业集群。同时，政府可以通过建设返乡创业园、创业孵化基地，吸引小农户和返乡农民开展创新创业，充分利用农村电商平台为小农户提供农产品营销服务。此外，各地区还要在农业金融、农业保险等方面提供相应的服务。

不管何种形式，各地都要把支持服务小农户作为重点。小农户是我国农业农村的基本面，我们要把引领小规模分散经营农户走向现代农业发展轨道作为发展农业生产托管服务的重点。要始终坚持带动而不是代替农户发展的原则，把服务小农户的企业、合作社、社会化服务组织作为政策支持的主要对象，着力解决小农户的规模化生产难题，促进小农户与现代农业发展有机衔接。

第二节　西南农村地区小农户对农业社会化服务的接受意愿及其影响因素

在小农户与现代农业的有机衔接路径中，最具有代表性的就是通过龙头企业、农民专业合作社等新型农业经营主体，以及提供各类农业社会化服务的新型农业服务主体，以纵向一体化和服务规模化的方式带动和组织小农户，实现其与现代农业的相容性发展。但是小农户通常以家庭经营为基础，具有生产手段相对落后、经营规模小、所获收益小等特征，围绕其发展农业社会化服务的过程中还存在若干障碍。为了破除这些障碍，除了要在理论上阐明发展农业社会化服务的必要性外，还要在实证上分析面向小农户发展社会化服务的机制机理，明确小农户对农业社会化服务的需求意愿如何、影响因素有哪些，如何根据小农户的需求采取有针对性的促进措施等问题。

现有关于农户接受农业社会化服务的文献研究，主要从农户、家庭、经济、政策、社会等方面分析其影响因素。在研究方法上，由于主要采用二元选择模型以及博弈模型，较少采用结构方程模型，现有分析难以规避截面数据异方差问题，也不能准确测度不同影响因素对农户需求影响的作用方向和程度大小。在社会科学研究领域，结构方程模型能够解决不可直接观测的变量问题，同时处理多个因变量，并允许自变量和因变量包含测量误差，弥补了传统统计方法的不足，故结构方程模型迅速成为多元数据分析的重要工具。本研究利用改进的技术接受模型来选择影响小农户对农业社会化服务接受意愿的因素，并构建结构方程模型进行实证研究。

一、模型选择、变量定义与研究假设

（一）模型选择

技术接受模型（Technology Acceptance Model，TAM）是学者运用理性行为理论研究用户对信息系统接受时提出的一个模型①。技术接受模型提出了两个主要的决定因素：①感知有用性（Perceived Usefulness），反映个体认为使用某个具体的系统对他工作业绩提高的程度；②感知易用性（Perceived Ease of Use），反映个体认为容易使用某个具体系统的程度。随着学者研究的不断深入，技术接受模型不断发展，原有模型得到了改善。1996 年，Davis 舍弃原

① DAVIS F D，BAGOZZI R P，WARSHAW P R. User acceptance of computer technology：a comparison of two theoretical models [J].Management science，1981（35）：982-1003.

始模型中的使用态度这一变量，构建了修正的技术接受模型①。他加入包括系统设计特征、用户特征、任务特征、开发或执行过程的本质、政策影响、组织结构等外部变量，在技术接受模型中存在的内部信念、态度、意向和不同的个体之间的差异、环境约束、可控制的干扰因素之间建立起一种联系。

国内外研究成果表明部分学者已经开始运用技术接受模型来研究农民的行为模式。有学者基于技术接受模型分析框架和 Bootstrap 自抽样的结构方程模型，对农户劳动节约型技术采纳意愿及影响因素进行了实证研究。还有学者采用结构方程模型对设施蔬菜生产者信息技术接受意愿的影响因素进行了分析。大多数学者在研究影响因素时除了采取感知有用性和感知易用性这两个内部因素外，还考虑小农户特征、小农户家庭经营特征等外部因素。

（二）变量定义与研究假设

1. 小农户特征

本书研究的小农户特征主要包括户主特征及小农户的经营特征。

（1）户主特征：本书采用户主年龄及文化程度两个因素。一般而言，不同年龄的农户存在生理、心理和社会阅历方面的差异，这会使其对农业社会化服务需求持有不同态度。农户年龄与其劳动生产能力密切相关，青壮年的劳动能力普遍高于老年人，但年纪较大的农户也可能因为掌握更多的农作技巧而具有较高生产率，这些都会对农业社会化服务需求产生一定影响。另外，农户文化程度也会对农业社会化服务需求产生影响，文化程度越高，认知程度及接受新事物的速度越快，对农业社会化服务需求越大。

（2）小农户的经营特征：本书主要采用耕地面积、兼业化程度和商品化程度三个因素衡量小农户的经营特征。一般而言，实际耕地面积对社会化服务需求具有正向影响。因为实际耕种面积大，粮农仅仅依靠家庭成员难以完成耕种中各个环节的工作，除了雇佣工人以外，最好的方式就是购买农业社

① DAVIS F D，VENKATESH V. A critical assessment of potential measurement biases in the technology acceptance model：three experiments ［J］.International journal of human-computer studies，1996（45）：19-45.

会化服务。而兼业化程度反映农户农业收入占总收入的比重，从理论上说，农业收入占总收入的比重越大，说明农户越依靠农业收入，其选择农业社会化服务的可能性就越大。农户是否具有除农业以外的其他收入来源决定了其对农业生产的重视程度，如果农户的非农收入占比很高，则其对农业生产的积极性就会减弱，进而影响其对农业社会化服务的需求。商品化程度反映农户对市场的依赖性，商品化程度越高，农户扩大生产的动机越强烈，因而对农业社会化服务的需求也越大。

因此，根据技术接受理论，结合上述分析，本书提出以下假设：小农户特征这一外部因素不仅会通过影响感知有用性来影响农户对农业社会化服务的接受意愿（H1），也会通过影响感知易用性来影响该意愿（H2）。

2. 感知有用性（PU）

感知有用性是农户对采用农业社会化服务能够给其带来多少便利的感知。从技术接受理论可知，如果农业社会化服务能够让农户感受到该项服务可以为其带来经济效益和社会效益，其采用该项服务的可能性就会比较高。基于此，本书提出以下假设：感知有用性对于农户对于农业社会化服务的接受意愿（INT）有显著正向影响（H3）。

3. 感知易用性（PEOU）

感知易用性是农户对采用农业社会化服务难易程度的感知。已有研究表明，感知易用性对感知有用性有正向影响，特别是在该技术被采纳的早期阶段，感知易用性有助于降低农户接受新技术的焦虑感，从而影响其对新技术的采纳意愿。如果农户认为该技术相比原有的技术更容易掌握，那么其采纳意愿可能更高。基于此，本书提出以下假设：感知易用性对感知有用性有显著正向影响（H4）；感知易用性对农户接受农业社会化服务的意愿有显著正向影响（H5）。

将这些假设汇总整理，其关系如图 5-1 所示。

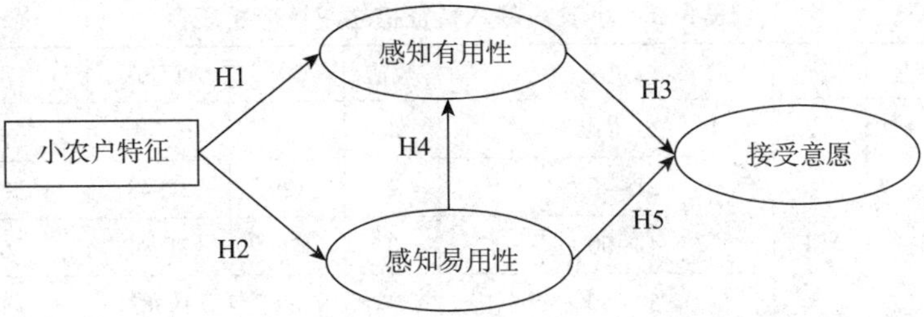

图 5-1　研究框架

二、 样本数据来源及描述性统计分析

课题组在 2019 年 7—10 月对西南三省区的小农户生产经营状况进行了实地调查。调查主要采取访谈和发放问卷结合的方法，一是对政府相关部门、新型农业经营主体和小农户代表进行访谈，共 12 次；二是开展入户调查，采用调查员与小农户一对一的形式填写调查问卷，共发放 405 份调查问卷，回收有效问卷 348 份，问卷有效率 85.9%。本书测量农户对农业社会化服务接受意愿的量表包括两部分内容：一是小农户的基本特征，二是小农户对农业社会化服务的接受意愿及影响因素的相关信息。前者主要包括样本小农户的年龄、文化程度、耕地面积、兼业化程度和商品化程度 5 个指标；后者包括小农户的感知有用性、感知易用性和接受意愿 3 个指标，共 10 个题项，均采用李克特 7 点量表测量①。

（一）小农户基本特征的描述性统计

具体的描述性统计结果如表 5-1 所示。

① 具体参见本书附录 1 中的调查问卷。

表 5-1 小农户基本特征描述统计分析表

项目	变量	代码	定义	数值	频次	百分比	累积百分比
户主特征	年龄	AGE	20 岁以下	1	13	3.74	3.74
			21~40 岁	2	120	34.48	38.22
			41~50 岁	3	76	21.84	60.06
			51~60 岁	4	69	19.83	79.89
			61 岁以上	5	70	20.11	100.00
	学历	EDU	小学及以下	1	119	34.20	34.20
			初中	2	121	34.77	68.97
			高中	3	77	22.13	91.10
			大专	4	13	3.74	94.83
			大学及以上	5	18	5.17	100.00
经营特征	耕地面积	ARE	3 亩以下	1	144	41.38	41.38
			3~5 亩	2	100	28.74	70.11
			5~10 亩	3	55	15.80	85.92
			10~30 亩	4	44	12.64	98.56
			30~50 亩	5	5	1.44	100.00
	兼业化程度	PAR	农业收入占比 80%以上	1	61	17.53	17.53
			农业收入占比 50%~80%	2	123	35.34	52.87
			农业收入占比 20%~50%	3	110	31.61	84.48
			农业收入占比 20%以下	4	54	15.52	100.00
	商品化程度	COM	全部用于家庭消费	1	106	30.46	30.46
			大部分用于家庭消费	2	154	44.25	74.71
			大部分用于销售	3	82	23.56	98.28
			全部用于销售	4	6	1.72	100.00

（二）感知有用性（PU）的描述性统计

由表 5-2 可知，有效问卷总计 348 份；最小值为 1，最大值为 7，均在1~7，表示感知有用性变量没有建档错误；均值介于 4.47~4.97，符合无大于 6 或小于 2 的标准，表示所有的题项均有鉴别力。对各个题项偏态与峰度进行分析，偏态值介于-0.46～-0.19，峰度值介于-0.85～-0.24，符合 Kline (2005)① 所提出的偏态绝对值小于2、峰度绝对值小于7的标准，表明研究数据符合正态分布。从表5-2可看出，b6_2的均值最大，为4.97，b6_5的均值最小，为4.47，表示受访者对于b6_2最为认同，对于b6_5的认同度较低。标准偏差介于1.31～1.55。

表5-2　感知有用性（PU）描述性统计分析表

变量定义及编码	样本数	平均数	标准偏差	峰度	偏态	最小值	最大值
农业生产社会化服务可以降低我的生产成本（b6_1）	348	4.88	1.42	-0.24	-0.46	1	7
农业生产社会化服务可以完成一些我自己无法做到的生产工作（b6_2）	348	4.97	1.31	-0.43	-0.37	1	7
有了农业生产社会化服务可以让我放心到城里工作、生活（b6_3）	348	4.55	1.55	-0.85	-0.26	1	7
现有农业生产社会化服务能满足我的生产需求（b6_4）	348	4.62	1.34	-0.46	-0.43	1	7
我对现有的农业生产社会化服务是比较满意的（b6_5）	348	4.47	1.31	-0.61	-0.19	1	7

（三）感知易用性（PEOU）的描述性统计

由表5-3可知，有效问卷总计348份；最小值为1，最大值为7，均在1～7，表示感知易用性变量没有建档错误；均值介于4.61～4.63，符合无大于6或小于2的标准，表示所有的题项均有鉴别力。各个题项的偏态值介于-0.29～-0.18，峰度值介于-0.62～-0.34，符合 Kline（2005）② 所提出的偏态绝对值小于2、峰度绝对值小于7的标准，表明研究数据符合正态分布。从

① KLINE R B. Principles and practice of structural equation modeling [M]. 2nd ed. New York: The Guilford Press, 2005.

② 同上。

表 5-3 可看出，b6_7 的均值最大，为 4.63，b6_6 的均值最小，为 4.61，表示受访者对于 b6_7 最为认同，对于 b6_6 的认同度较低。标准偏差介于1.26~1.34。

表 5-3 感知易用性（PEOU）描述性统计分析表

变量定义及编码	样本数	平均数	标准偏差	峰度	偏态	最小值	最大值
农业生产社会化服务使我不用流转土地也能享受到先进农业技术的好处（b6_6）	348	4.61	1.31	-0.34	-0.29	1	7
农业生产社会化服务的价格是比较合理的（b6_7）	348	4.63	1.26	-0.62	-0.18	2	7
农业生产社会化服务的手续比较简便（b6_8）	348	4.62	1.34	-0.6	-0.26	1	7

（四）接受意愿（INT）的描述性统计

由表 5-4 可知，有效问卷总计 348 份；最小值为 1，最大值为 7，均在1~7，表示接受意愿变量没有建档错误；均值介于 4.94~5.46，符合无大于 6 或小于 2 的标准，表示所有的题项均有鉴别力。对各个题项偏态与峰度进行分析，偏态值介于-0.43~-0.42，峰度值介于-0.71~-0.39，符合 Kline (2005)① 所提出的偏态绝对值小于 2、峰度绝对值小于 7 的标准，表示研究数据符合正态分布。从表 5-4 可看出，b6_10 的均值最大，为 5.46，b6_9 的均值最小，为 4.94，表示受访者对于 b6_10 最为认同，对于b6_9的认同度较低。标准偏差介于 1.19~1.34。

① KLINE R B. Principles and practice of structural equation modeling [M]. 2nd ed. New York: The Guilford Press, 2005.

表 5-4　接受意愿（INT）描述性统计分析表

变量定义及编码	样本数	平均数	标准偏差	峰度	偏态	最小值	最大值
我打算接受现有的农业生产社会化服务（b6_9）	348	4.94	1.34	-0.39	-0.43	1	7
如果能提供更多的服务，我会更加愿意接受农业生产社会化服务（b6_10）	348	5.46	1.19	-0.71	-0.42	2	7

三、实证分析过程、结果及分析

本书利用结构方程模型（SEM）和 Amos21.0 软件进行实证分析。根据 Anderson 与 Gerbing（1988）① 的建议，一个完整的结构方程模型分析应该分为两个阶段进行：第一阶段为测量模型（Measurement Model）的分析，第二阶段进行结构模型（Structural Model）的评估。验证式因素分析（Confirmatory Factor Analysis，CFA，等同于测量模型评估）是结构方程模型分析的一部分。本书中，CFA 测量模型变量的评估与缩减依据 Kline（2005）② 所提出的二阶段模型进行修正。只有测量模型拟合度可接受，才可以形成完整的 SEM 模型报告。

（一）会聚效度

测量模型采用最大概似估计法进行估计，估计的参数包括因素负荷量、多元相关平方、合成信度与平均方差抽取量。其中，标准化因素负荷量大于 0.60 为可接受，但理想情况下应大于 0.70（Chin，1998）③。如表 5-5 所示，标准化因素负荷量介于 0.624~0.874，均符合范围，表明每个题目均具有题

① ANDERSON J C，GERBING D W. Structural equation modeling in practice：a review and recommended two-step approach [J].Psychological bulletin，1998，103（3）：411.

② KLINE R B. Principles and practice of structural equation modeling [M].2nd ed. New York：The Guilford Press，2005.

③ CHIN W W. Commentary：issues and opinion on structural equation modeling [J].Management information systems quarterly，1998，22（1）：7-16.

目信度；研究维度合成信度介于 0.791~0.836，均超过 0.7，全部符合学者所建议的标准，表明每个维度均具有良好的内部一致性；平均方差抽取量范围为 0.506~0.655，均高于 0.5，全部符合 Hair（1998）①、Fornell 与 Larcker（1981）② 等学者的标准，表明每个变量均具有良好的会聚效度。

表 5-5　测量模式之会聚效度

变量	编码	参数显著性估计				题目信度		研究维度	会聚效度
		非标准化因素负荷量	标准误	非标准化因素负荷量/标准误	p 值	标准化因素负荷量	多元相关平方	合成信度	平均方差抽取量
PU	B6_1	1.000				0.624	0.389	0.836	0.506
	B6_2	1.054	0.093	11.325	0.000	0.715	0.511		
	B6_3	1.260	0.120	10.505	0.000	0.713	0.508		
	B6_4	1.136	0.108	10.543	0.000	0.757	0.573		
	B6_5	1.104	0.109	10.154	0.000	0.739	0.546		
PEOU	B6_6	1.000				0.725	0.526	0.825	0.612
	B6_7	1.116	0.082	13.600	0.000	0.845	0.714		
	B6_8	1.077	0.086	12.546	0.000	0.772	0.596		
INT	B6_9	1.000				0.874	0.764	0.791	0.655
	B6_10	0.756	0.057	13.379	0.000	0.739	0.546		

（二）区分效度

本研究应用严谨的 AVE 法对区分效度进行检验。根据 Fornell 与 Larcker（1981）③ 的建议，区分效度应该同时考虑会聚效度与维度相关的关系，因此每个维度的 AVE 平方根须大于维度间的相关系数，如表 5-6 所示，结果符合

① HAIR J F，ANDERSON R E，TATHAM R L，et al. Multivariate data analysis［M］.5th ed. Englewood Cliffs，NJ：Prentice Hall，1998.

② FORNELL C，LARCKER D F. Evaluating structural equation models with unobservable variables and measurement error［J］.Journal of marketing research，1981，18（1），39-50.

③ 同上。

此条件，表明本研究模型具有区分效度。

表 5-6　测量模型之区分效度

变量	平均方差抽取量	*PU*	*PEOU*	*INT*
PU	0.506	0.711	—	—
PEOU	0.612	0.732	0.782	—
INT	0.655	0.790	0.698	0.809

（三）结构模型拟合度

本书借鉴了 Jackson、Gillaspy 和 Purc-Stephenson（2009）①的研究成果，选择最广为应用的几种拟合指标来报告结构模型的拟合度。表 5-7 列出的几个模型拟合指标中，除了 χ^2 以外，所有模型拟合指标均符合建议的门槛（Schumacker and Lomax，2010）②。由于 χ^2 对大样本非常敏感，本研究辅以卡方值/自由度来评估。良好的模型拟合度，理想值应低于 3，在经过上述处理后，本研究各个指标均在可容许的范围内，说明模型拟合度较高。

表 5-7　模型拟合度

拟合指标	可容许范围	研究模型拟合度
Bollen-Stine（χ^2）	越小越好	66.810
DF（自由度）	越大越好	48
Normed Chi-sqr（χ^2/DF）	$1<\chi^2/DF<3$	1.392
GFI	>0.9	0.965
AGFI	>0.9	0.953
RMSEA	<0.08	0.034
SRMR	<0.08	0.064

① JACKSON D L，GILLASY J A，PURC-STEPHENSON R. Reporting practices in confirmatory factor analysis：an overview and some recommendations［J］.Psychological methods，2009，14（1）：6-23.

② SCHUMACKER R E，LOMAX R G. A beginner's guide to structural equation modeling［M］.3rd ed. New York：Taylor and Francis Group，LLC.，2010.

续表

拟合指标	可容许范围	研究模型拟合度
TLI（NNFI）	>0.9	0.986
CFI	>0.9	0.990

（四）研究假设显著性检验及可解释方差（R^2）

通过运行软件，我们可以整理出本书模型的回归系数，如表 5-8 所示。

表 5-8　模型回归系数

因变量	自变量	标准化回归系数	标准误差	R^2
PU	*PEOU*	0.830***	0.074	0.689
	AGE	-0.235*	0.037	
	EDU	0.546**	0.028	
	ARE	0.451**	0.039	
	PAR	-0.472**	0.040	
	COM	0.336*	0.051	
PEOU	*AGE*	-0.297*	0.050	0.522
	EDU	0.455**	0.038	
	ARE	0.465**	0.053	
	PAR	-0.430**	0.052	
	COM	0.311**	0.069	
INT	*PU*	0.833***	0.125	0.850
	PEOU	0.716***	0.101	

注：*、**和***分别表示 10%、5%和 1%水平上显著。

从整体上看，感知有用性（*PU*）、感知易用性（*PEOU*）对小农户接受农业社会化服务意愿（*INT*）的影响均通过了正向显著性检验，与理论预期保持一致。其标准化回归系数分别为 0.833 和 0.716，表明感知有用性（*PU*）对小农户的影响程度大于感知易用性（*PEOU*），感知有用性（*PU*）与感知易用性（*PEOU*）对解释接受意愿（*INT*）的解释力是 85.0%。此外，小农户特征一方面通过感知有用性（*PU*）独立影响了接受意愿（*INT*），另一方面通过感知有用性（*PU*）和感知易用性（*PEOU*）共同影响了接受意愿（*INT*），小农户特征对解释感知易用性（*PEOU*）的解释力是52.2%。感知易用性（*PEOU*）和小农户特征对解释感知有用性（*PU*）的解释力是68.9%。具体分析如下。

（1）小农户特征的影响：小农户特征作为模型的外部变量，对感知有用性和感知易用性具有显著的影响。其中，学历（*EDU*）、耕地面积（*ARE*）和商品化程度（*COM*）对感知有用性和感知易用性有正向的影响。年龄（*AGE*）和兼业化程度（*PAR*）对感知有用性和感知易用性的标准化回归系数为负，说明其对感知有用性和感知易用性有负向影响，基本与理论预期相符。

（2）感知有用性的影响：感知有用性对小农户接受农业社会化服务的意愿有显著的正向影响，其标准化回归系数为0.833，在1%的显著性水平上接受H3。这表明如果让小农户真正认识到农业社会化服务能给其带来实实在在的好处，那么小农户还是很愿意接受农业社会化服务的。

（3）感知易用性的影响：感知易用性对小农户接受农业社会化服务的意愿有显著的正向影响，其标准化回归系数为0.716，在1%的显著性水平上接受H5，与理论预期相符。同时，感知易用性也显著地影响了感知有用性，其标准化系数为0.830，这表明如果能简化手续、提高农业社会化服务的便利性，就能有效地提升小农户对农业社会化服务能给其带来好处的认知，从而促进小农户接受农业社会化服务。

四、结论与政策含义

本研究以我国西南三省区小农户的调查数据为依据，借鉴了扩展的技术接受理论构建结构方程模型，对小农户对农业社会化服务的接受意愿、影响因素及其影响程度进行了实证研究。实证结果表明：第一，借助扩展的技术接受理论构建结构方程模型来研究小农户对农业社会化服务的接受意愿是合理且可行的。第二，小农户对农业社会化服务的接受意愿主要受小农户特征、感知有用性和感知易用性等因素的影响，感知有用性对小农户接受意愿的直接影响程度大于感知易用性。这说明小农户是否接受农业社会化服务首先考虑的因素是该项服务能否给其带来正面的经济效益和社会效益，次要考虑的因素是小农户对采用农业社会化服务难易程度的感知。小农户特征同时通过感知有用性和感知易用性间接影响接受意愿。

以上研究结论隐含以下政策含义：第一，在农业社会化服务发展的初期，应不断创新农业社会化服务的模式，探索更加适合小农户发展的服务；同时通过经济激励方式，给予接受农业社会化服务的小农户财政补贴，充分调动小农户的积极性，引导小农户接受农业社会化服务。第二，农业社会化服务在推广阶段需要充分发挥舆论、宣传的引导作用，大力向小农户宣传农业社会化服务给其带来的好处，同时要简化手续，借助移动互联网等先进手段，提高小农户使用农业社会化服务的便利性。第三，要加强对小农户的教育与培训，培养小农户的职业技能和市场化、商业化思维，提高小农户接受新事物的能力和生产经营能力，引导小农户向“爱农业、懂技术、善经营”的新型职业农民转变，促进其自觉参与到农业社会化服务的发展中，更好、更快地融入现代农业发展的轨道。

第三节　案例分析

本节介绍了两个为小农户提供农业社会化服务的典型案例。这两个案例充分表明，农业社会化服务是构建现代农业经营体系、推进多种形式发展适度规模经营、实现小农户与现代农业发展有机衔接的重要举措。

案例一　盘活闲置资源，打造综合农事服务体①

纳骂村集体经济组织以盘活闲置土地和农房为突破口，大力发展当地刺梨、羊肚菌和辣椒种植等特色产业，通过成立村集体股份经济合作社向村民提供“统一进苗、统一培训、统一管护、统一收购、统一加工、统一销售、统一品牌”的“七统一”服务，逐步发展成集农产品生产托管服务、加工营销服务和劳务输出服务为一体的综合型社会化服务组织，有效带动当地农户脱贫增收，提升了村集体经济组织实力。

2019 年，贵州省六盘水市六枝特区落别布依族彝族乡纳骂村集体基于农村产权制度改革成立了集体股份经济合作社，目前有成员 3927 人，股东代表 71 人，监事会成员 5 人，董事会成员 7 人。针对本村近 70%的劳动力在外务工、土地地形复杂且零碎等实际情况，村集体以盘活闲置资源为突破口、以发展壮大村集体经济为目标、以产业发展为平台，为农户提供“七统一”服务。截至 2020 年，村集体带动全村贫困农户 18 户 75 人实现收入增加至 4000 元的全村脱贫目标，村集体经济也从一具“空壳”转变为拥有约 30 万元资金的“富村”。

一、盘活资源，夯实农业社会化服务基础

纳骂村共有土地 7758 亩，“四荒地”1550 亩，闲置房屋 8 处。村集体经济组织经过市场调研，结合纳骂村的土地特征，利用集体未承包到户的 60 余亩土地，试点羊肚菌、辣椒种植等特色产业，采取“龙头企业+集体股份合作社+农户”的组织模式，由公司与集体股份合作社签订保底收购合同。合作社负责组织农民生产，实现了土地规模化、集约化经营，销售收入已达 30 万元。同时，村集体盘活 8 处集体闲置房屋，将其改建成纳骂村农产品直营店和纳骂刺梨加工厂。截至 2020 年，农产品直营店已销售刺梨干、刺梨酒、土鸡蛋、面条等特色农产品 2.8 吨，销售收入 9 万元；刺梨加工厂已生产刺梨

① 农业农村部农村合作经济指导司．全国农业社会化服务典型案例［M］.北京：中国农业出版社，2020.

酒 0.5 吨，产品被列入本村酒席用酒、本地商会用酒。

二、“七统一”全产业链托管服务，助力刺梨产业健康发展

纳骂村原以种植水稻和玉米为主，不仅产量低，而且经济效益也很低，人均年收入只有 2300 多元。为改变这一现状，村集体积极探索适合本村经济发展的路径，选定了刺梨产业。通过组织召开群众会、进村入户做思想动员等措施，发动全村 320 户农户种植 3200 余亩刺梨。村集体股份合作社采取如图 5-2 所示的“七统一”服务，即“统一进苗、统一培训、统一管护、统一收购、统一加工、统一销售、统一品牌”，保证刺梨“产得出、品质好、销得了、卖得好、卖得久”。

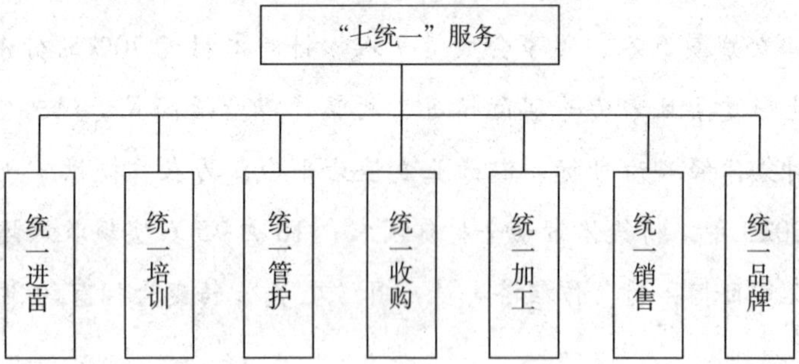

图 5-2　纳骂村集体股份经济合作社“七统一”服务

统一进苗，即村集体提供统一苗木采购服务，保证刺梨“产得出”。合作社在统计农户需求的基础上，统一为农户采购刺梨树苗等优质优价农资，苗木采购价格低于市场平均价格的 10%以上，在保证刺梨苗木品质的同时为农户节省了大量采购成本。

统一培训，即村集体提供统一培训服务，保证刺梨“品质好”。为保证农户所种植刺梨的品质，纳骂村定期邀请农业专家对合作社和农户进行农作物标准化种植、病虫害防控和日常管护等方面的培训，提高合作社和农户的种植管护水平。

统一管护，即村集体面向缺乏果蔬管护经验的农户提供梨树全程管护服

务，确保刺梨丰收丰产。

统一收购和统一销售服务是为了保证农户种植的刺梨鲜果“销得了”。合作社提供统一收购和销售服务，保证收购价格不低于当地市场的销售价格。2019年，刺梨收购价格高于市场均价15%，为果农增加收入共计20余万元。

统一加工服务是为了保证刺梨“卖得好”。为了提高刺梨的附加值，合作社将原被废弃的学校旧址改建成纳骂刺梨加工厂，每年收购刺梨鲜果300余吨，加工刺梨酒50吨，生产刺梨干30吨，致力于把纳骂村发展成全乡刺梨产业的生产、加工和销售中心。

村集体提供的统一品牌服务，能够实现刺梨“卖得久”。合作社注册“纳骂”区域品牌，开发出一系列“纳骂”牌刺梨产品，包括刺梨白酒、刺梨果酒、刺梨干、刺梨果脯和刺梨饮料等，极大地提高了刺梨产业的经济效应，2019年其品牌效益为40万元左右。

三、推广全程托管，化解有地无人种难题

针对纳骂村及附近村寨青壮年劳动力大多外出务工、在家务农人员年龄偏大以及耕地零碎贫瘠的现状，村集体率先在马铃薯、辣椒、水稻等农作物上推广全程托管服务，对接的服务组织承接了本村及附近村寨1000余亩土地的翻耕及代收业务，服务总面积达到2000亩。

全程托管服务收效明显。一是实现农民增收。该服务有效解决了纳骂村“有地无人种”的空心化现象，在化解土地撂荒问题的同时促进了年轻劳动力向二、三产业转移，最大限度地促进了农户增收。2019年纳骂村实现劳动力转移30人、年人均增收3万元，共计增收约90万元。

二是实现村集体增收。纳骂村集体通过为农民提供托管服务实现了集体收入的大幅增长。2019年，纳骂村集体股份经济合作社共取得托管服务收入30余万元，销售羊肚菌、辣椒等特色农产品收入15万元，刺梨加工产品销售收入40余万元，全年共增收约85万元。

三是实现产业发展。开展生产托管服务提高了农业生产机械化程度和农机耕种效率，有效降低了农业生产的物化成本和作业成本，农产品产量和品质也得到了明显提升。以耕地环节为例，生产托管之前，部分农户使用人力耕地，平均每10亩地每人需要6~7天耕完；还有部分农户使用小型手扶式耕地机，平均每10亩地每人需要2~3天耕完。合作社使用大型耕地机后，10亩地只需半天耕完，极大地节省了劳动力数量，降低了劳动成本。2019年，三种农作物平均每亩降低成本约200元，全村全年共计实现节本增效40余万元。

案例二 依托"防控管家"智能平台，强化动物防疫社会化服务能力①

贵州牧林农业科技发展有限公司基于动物防疫工作需求，开发了动物防疫智能管理平台"防控管家"，实现了动物防疫工作的无纸化办公和线上、线下流转，有效破解了动物疫病防控工作中的"主体选择难、方式创新难、综合防治难、工作决策难"问题，促进了动物防疫工作效率和行业监管能力的提高。

贵州牧林农业科技发展有限公司充分利用大数据手段，开发动物防疫智能管理平台"防控管家"，在填补省内行业空白的同时，通过发挥数字化平台作用使动物防疫社会化服务能力得到有效提升。截至2020年上半年，该平台已在全省推广应用，服务范围扩大到15个县（区）、2700个行政村、271个乡镇。

一、市场化运作，破解"防疫服务主体选择难"问题

2014年，贵州牧林农业科技发展有限公司的成立，解决了"拆并建"之后基层没有专门的动物防疫管理服务机构的难题。在市场化机制下，由公司提供动物防疫服务，负责建设动物防疫队伍、开发服务平台，根据具体要求和服务标准开展工作。行业管理部门负责对动物疫病防控工作进行指导、监督。随着动物疫病防控工作不断深化，"防控管家"动物防疫信息化服务云平台应运而生。当地动物防疫社会化服务体系工作管理体系如图5-3所示。

① 农业农村部农村合作经济指导司．全国农业社会化服务典型案例［M］.北京：中国农业出版社，2020.

2014 年以来，“防控管家”云平台技术服务人员数量达 1500 人，每季储存动物防疫信息 400 余万条。

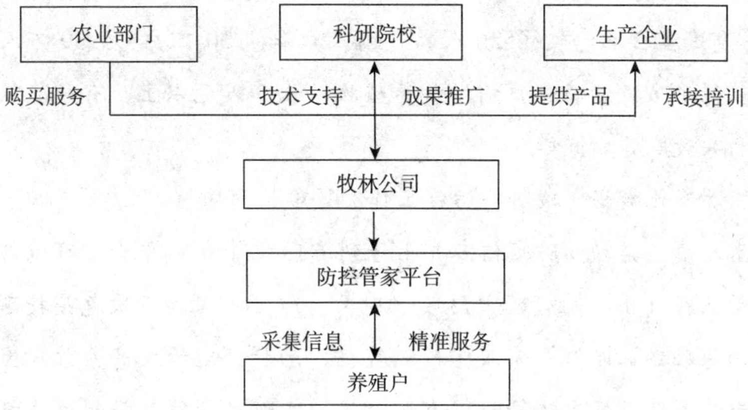

图 5-3　当地动物防疫社会化服务体系工作管理体系

二、规范化管理，破解“防疫方式创新难”问题

在服务过程中，公司实行统一管理、统一服务、统一宣传、统一采集。通过将动物防疫技术服务纳入平台进行“一站式”管理，实现了防疫工作的数字化、网络化、平台化管理，做到了过程可追溯、结果可查询、线上线下同步运转，使防疫统计数据更加精准，为动物防疫工作提供了政策决策依据。公司经行政主管部门授权后，负责对试点养殖企业和养殖场的畜禽防疫注射、重大动物疫情处置工作进行指导监督，试点区域内免疫密度达到 98%，免疫抗体合格率达到 95%，实现了免疫密度和抗体水平的双提升。

三、全流程服务，破解“疫病综合防治难”问题

公司委派技术人员入户到场，开展定点服务或驻场托管服务，为养殖主体提供动物免疫注射、疫病诊断检测、动物疫病防治、饲养管理和技术咨询等服务，帮助养殖户提高安全生产管理水平和重大动物疫病防治能力，逐步实现动物防疫社会化服务从关键环节向全程服务转变。行业管理部门加强指导监管，建立政企互动的动物疫病突发事件应急处置协作机制，通过“防控

管家”实现区域精准划分，使防疫工作细化到村，实时跟踪防疫人员入户服务情况，提高动物防疫密度和免疫合格率20%以上，降低动物发病率和死亡率20%以上，有效降低了养殖风险，提高了养殖效益。据统计，通过“防控管家”，息烽县2946户、6526人的贫困人口和1.20万户、3.39万人的低收入人口获得了防疫保障，户均增加养殖收入1.5万元以上，有效降低了畜禽因病死亡导致减收的概率。

四、共享化数据，破解“防疫工作决策难”问题

技术人员采集动物防疫信息并上传到“防控管家”平台，可以智能分析区域内动物存（出）栏情况、防疫注射率、防疫时间和下次免疫提醒等。平台采集的基础数据能够与实验室检测数据、动物产地检疫开票管理系统、动物疫情监测管理数据系统等形成有效对接，实现动物防疫强制免疫数据及动物存（出）栏等数据的实时共享。特别是在非洲猪瘟防控期间，平台有效遏制了“洗猪”的风险。行业管理部门可以通过系统管理产地检疫申报和审批，对涉及的防疫人员、防疫服务内容、防疫物资进行统计，根据动物防疫预警预报及时调整防疫政策，快速补齐工作短板，有效控制疫情风险，防患于未然。通过政府购买服务提供动物防疫社会化服务保障，可以让企业成为公共服务的有效供给者。通过使用“防控管家”数据平台，实现了动物防疫工作的无纸化办公和线上、线下流转，促进了动物防疫工作效率和行业监管能力的提高，提升了行业经济效益、服务主体信心和行业可持续发展水平，有效增加了区域内养殖复养数量。生猪养殖户由原来的4万多户增加到17万户，大、中、小型养殖企业和养殖场由原来的28户增加到220户，为受非洲猪瘟影响的养殖业发展和动物源性食品市场的保供提供了重要支撑。

第六章　东亚地区小农生产现代化的经验与启示

本章以东亚地区农业发展模式的典型国家——日本为例，阐述了该国在小农生产现代化进程中的经验和对我国的启示。首先，简要梳理了日本农业发展的历史、特征及促进小农生产现代化的措施；其次，分析了日本农协在小农生产现代化进程中的作用；最后，总结了日本在小农生产现代化进程中对我国具有参考意义的经验和启示。

第一节　日本农业特征及促进小农生产现代化的措施

一、日本农业发展的历史和特征

第二次世界大战之前，日本实行地主制度。随着二战的结束，美国对日本进行政策施压。对此，日本农业部在当时的环境下需进行一次大的改革，即农地改革。1945 年，日本颁布了《农地制度改革纲要》，提出加快土地强制转让和地租现金化的实施进度。但是由于历史原因，地主制度解体不完全，农地改革只得到了少数人的支持。因此，日本又进行了第二次改革。在第二次改革中地主制度彻底解体，农民可以拥有自己土地的所有权益。1952 年，日本颁布了《农地法》，强化农地政策中的“自耕农主义”，坚持自耕农体制。在上述历史背景下，日本的农业生产格局逐步转为小规模经营。

日本农业生产具有两个主要特征：一个是农地经营规模小。日本是典型的人多地少的国家，国土面积仅占世界陆地面积的0.27%。日本土地规模小，地块分散，导致农业生产规模不大。日本总耕地面积小，占土地总面积的比例也很小。从图6-1可以看出，2007—2016年，日本耕地面积占土地面积的比例呈逐年下降趋势。2007年耕地面积占比11.87%，2016年耕地面积占比11.48%，十年间耕地面积占比一共下降约0.4%。日本耕地面积的减少抑制了农业生产规模的扩大，土地面积的限制导致农业机械化进程缓慢。

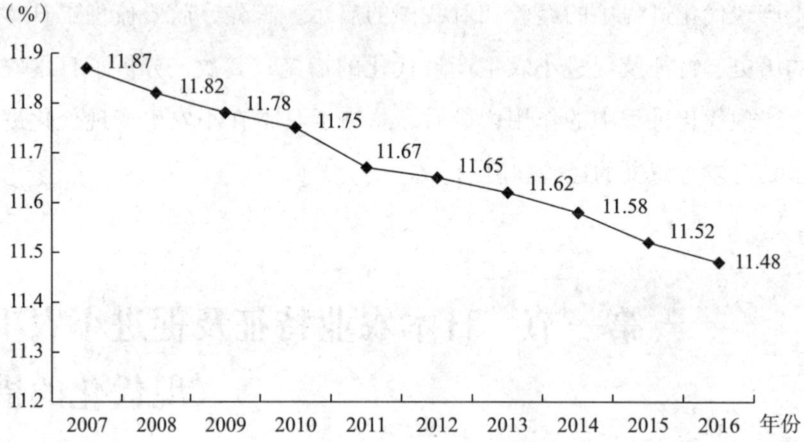

图6-1　2007—2016年日本耕地面积占土地面积的比例

资料来源：根据前瞻数据库数据整理所得。

农业生产以家庭为主要单位是日本农业的另一个主要特征。日本国土狭小，农业用地面积有限，且耕地面积有逐年减少的趋势。明治维新之后，农业领域内的封建生产关系严重影响了农民的土地权益和个人权益，因此日本开始进行土地制度改革。1952年日本制定的《农地法》将土地改革的措施用法律形式固定下来，至此日本形成了以小规模家庭经营为特征的农业经营方式。近年来，虽然日本的农业现代化水平飞速提高，但是其生产方式仍是以小农生产经营为主。

长期以来，农业小规模经营对日本农业的持续发展产生了一定的负面效应。从1961年开始，日本土地种植面积不断减少，土地使用率下降，之后耕地面积慢慢减少，农业产值下降，农民的弃耕现象越来越明显。农业收入下降导致农民开始脱离农业生产，大量农民流向城市，农村社区出现衰落现象。土地的弃耕和人员的流失，导致从事农业生产的人员老龄化问题日益突出。农业生产成本提高，农业产出减少，导致小农生产竞争力减弱。

为此，日本政府陆续出台了一些具有针对性的政策措施。

第一，在农业生产方面，日本政府制定了一系列的法律法规，包括《农业基本法》《农业机械化促进法》《农业协同组合法》《农地法》等。这些法律的实施促进了中小型机械在日本农业生产中的使用，提高了农民的生产效率。同时，日本政府通过国家财政对农业生产进行直接或者间接补贴。比如，在农户购置大型农业机械或装备时实施政府优惠政策，帮助农民引进新技术，降低农业生产成本。日本政府对农业机械化的推广力度较大，在农业机械教育方面，日本政府对农业从业者的知识素养较为重视，为其开展免费的相关知识和技术的教育培训；在农业机械化推广方面，日本对推广人员的水平有一定的标准要求，要求其在全国范围内对农民进行关于农机具的使用、维护讲解以及新技术培训，并进行示范推广，提高农业生产率。

第二，在提升小农竞争力方面，日本为了保护本国农业，制定了多项政策措施，出台了《农林水产业及地区活力创造计划》和《食物、农业、农村基本纲要》这两个重要的政策文件，提出了确保食品稳定供给的相关对策以及确保农业可持续发展的对策，以保障食品的安全性，完善农作物的进出口措施，从而推进国际合作，提升小农竞争力。但长期的政府保护降低了日本的国际竞争力，在日本的“空心化”现象和贸易自由化压力的背景下，日本由“防御型农业”政策转变为“进攻型农业”政策，目的是在困境中提高日本农业的国际竞争力。

二、日本农户的兼业化

日本农户的兼业现象相当普遍。日本农户兼业化的发展有两个阶段：第一个阶段是1935—1941年，日本战时经济发展时期。工业的快速发展需要更多的劳动力进行工作，给农村剩余劳动力提供了大量的就业机会。第二个阶段是1950—1970年，日本经济迅速发展时期。劳动力需求迅速增加，为农村劳动力转移提供了道路。

20世纪50年代以来，日本的农户兼业现象越来越普遍。基于国情，日本的农业生产经营规模很小，农户收入处于低水平的状态。政府颁布法律政策，制定措施促进农业机械化的发展，导致农村出现了越来越多的剩余劳动力，农民的基本生活水平得不到保障。而工业化、城市化的快速发展，创造了大量的工作岗位，为农村剩余劳动力提供了就业机会，基本保障了农民生活。这些都促进了农村兼业农民的出现，促使农民转向从事非农产业来获得稳定收入，以保障家庭基本生活。1970年，日本专业农户占农户总数的15.6%，以农业为主的兼业农户占农户总数的33.7%，以非农业为主的兼业农户占农户总数的50.7%；而在2000年，日本专业农户占比13.7%，以农业为主的兼业农户占比11.2%，以非农业为主的兼业农户占比50.0%。这里可以看出，日本兼业农户的数量大大超过专业农户，以非农业为主的兼业农户的占比远远大于以农业为主的兼业农户占比，这说明日本农户更倾向于从事非农产业的生产来获得更多的收入。

日本兼业现象的存在对农业造成的不利影响，主要体现在土地规模经营和农业生产两个方面。兼业会阻碍农村之间的土地流转和兼并，从而影响土地规模经营的进程，同时兼业现象的存在也影响了农业生产质量。非农业收入已经基本满足农户生存需求，因此农户在农业生产上的积极性降低，导致农业生产过程中出现问题。

日本政府制定了很多关于促进农业规模经营的政策制度。日本乡村振兴运动在扩大农业经营规模、促进兼业农户发展现代农业等方面积累了一些经验，该运动结合国家需求和农业规律，构建了法律法规体系、实施了形式多样的补贴政策以激励农民生产积极性。1961年，日本通过了《农业基本法》，第一次提出扩大农户土地经营规模的目标，实施的主要方法是土地买卖。但是，农地租赁的不自由，限制了土地出租双方的权利，严重影响了土地的流转和集中。1970 年，日本对《农业基本法》进行修订，解除农地租赁限制，规定双方自由约定。日本政府也再次修订《农地法》，以此促进农地流转的自由化，加快多种新型经营主体并存发展的进程。除此之外，日本还实行了土地流转激励政策，以增强农户土地流转的积极性，充分发挥农地流转中介机构的示范推广作用，积极引导农户支持土地流转。

三、促进小农生产现代化的政策措施

（一）推广农业生产机械化

日本是典型的地少人多的国家，人均耕地面积很少。由于土地较为分散，农业经营面积较小，资源相对匮乏，日本农业面临非常大的困境。因此日本从这一特点出发，走上了机械化道路。

第一，健全农业机械化政策。1953 年，日本政府制定了《农业机械化促进法》，随后为了适应环境变化以及机械发展需要，进行了修订，更加完善了《农业机械化促进法》的内容，保证顺利实现农业机械化、现代化。该法确立了农机具的检查制度和农机具实验研究体制，保障实验研究所需经费，从而有计划地引进高性能农业机械并进行研究和推广，进一步改进农机具，这有利于农业生产力和农业经营的发展。

第二，设立农业机械化组织，鼓励农民增加农机具的需求。日本还成立了农业机械化协会以及农业机械银行等组织。1976 年，日本制定了《农业机械安全设备确认对策纲要》，规定对农业机械开展安全鉴定和安全管理。1984 年，日本对购机者实施了税收优惠政策，大大提升了农民对农机具的购买欲望。农户可以从“农业补助金”“农业现代化专项贷款”“农业改革基金”“农业机械银行”等途径获得购机优惠，从而引进新技术。

从图 6-2 可以看出，1976—1985 年，日本农业机械数量整体呈上升趋势。1976 年农业机械、拖拉机数量为 82. 30 万辆，1985 年为 185. 53 万辆，增加了

103.23万辆。这说明日本颁布《农业机械化促进法》、实施对农业机械购买者的税收优惠政策等措施，有利于农业机械的进一步引进和推广，有利于加大农民对机械的购买欲望，从而促进了农业机械化和农业现代化。

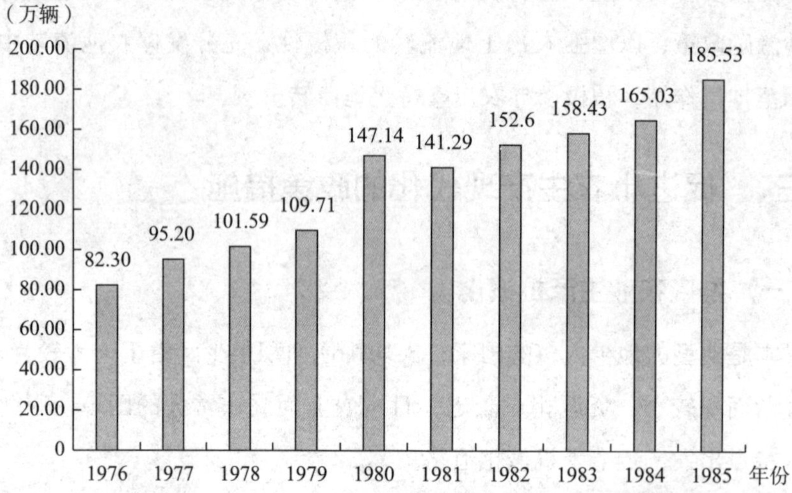

图6-2　1976—1985年日本农业机械、拖拉机数量

资料来源：根据前瞻数据库数据整理所得。

（二）完善农村金融体系建设

日本主要以小规模农户经营为主，农业经济具有很大的弱质性。农民在农业生产过程中需要很大的资金投入，但他们并没有足够的财力投入农业生产。为了帮助农民获得必要的资金，日本建立了以农协（合作金融）、政策金融和商业金融为主导的农业金融体系。政策金融和合作金融在日本农业金融体系中占比较大，商业金融占比较小。

合作金融主要有三级机构：高级机构是全国层级的农林中央金库，中级机构是信用农业协同组合联合会，下级机构是基层农业协同组合。这种机构设立的模式主要是为了给全体农业经营者提供金融服务，保证中短期农业经营者的农业生产资金需求。

政策金融是政府金融机构在民间金融机构不愿介入和无法介入的领域提供的信贷服务，政策金融通常反映国家明确的政策意图。日本政策金融的农林金库资金和农业近现代资金基本可以反映其金融利用情况。1953 年，农林渔业金融公库资金成立，主要对农林教育业基础设施建设提供长期低息贷款，资金来源于邮政储蓄等财政投融资。该金融公库曾经设立近百种资金，其中最早建立的是土地改良资金，主要帮助解决粮食短缺问题。为了实现农业现代化的目标，日本于 1961 年颁布了《农业基本法》，公库资金为了配合该法的实施，出台了自耕农维持资金、个别经营者资金和共同利用设施资金。同年，日本成立了农业近代化资金，为经营农业、林业、渔业及食品产业的农户提供中期信贷，支持他们进行设备投资并改善经营条件。2008 年，为了降低整体经营成本，农林渔业金融公库与其他组织合并，成立了新的政策性金融机构——日本政策金融公库。这些金融机构为农民提供了所需的资金，大大改善了日本农民的生产经营条件。

（三）加强农业协同组织建设

1947 年，日本颁布《农业协同组合法》。该法的宗旨是通过把农户组织起来提高农业生产力，提高农业生产者的经济地位，促进农业现代化的实现。《农业协同组合法》有一个基本原则，即农业协同组合必须尽最大努力为其成员服务，不能追求农协自身利益。

1961 年，日本制定了《农业协同组合合并助成法》。该法要求地方政府通过行政手段引导农协与其他组织联合或者合并，扩大农业生产经营规模，提升农业的竞争力，同时还给农协合并过程中所需的办公费用和新建设施费用提供优惠政策补贴。日本中央政府和地方政府高度重视农协的基础设施建设，在农协购买农机具、加工设施时提供一定比例的补贴，并且农协还可以向政府性金融机构申请长期贴息贷款，保证农协在农业生产过程中的资金需求。农协每年都会进行技术推广和人员培训，活动所需费用由日本政府对农协中央会、联合社提供一定的补贴，从而保障农协成员培训活动的顺利开展。

（四）提升农业竞争力

随着 WTO 贸易规则的形成和国际竞争的加剧，日本农业的国内外环境发生了很大的变化，国内高价农产品的数量不断增加，小农户生产的农产品在国际竞争中处于明显的劣势。同时，日本农业总产值、农业收入和食物自给率都出现了不同程度的下滑，日本的农业受到了极大影响。日本经济对贸易具有一定的依赖性，市场开放程度对本国农业的发展具有联合效应，因而日本迫切需要提高农业的竞争力。因此，日本政府为了提升农业竞争力采取了以下措施。

第一，增加农产品附加值，挖掘农业的多功能性。2013 年底，《农林水产业及地区活力创造计划》提出到 2020 年和 2030 年将分别实现 1 万亿日元和 5 万亿日元的农林水产品出口额的目标，此外还要实现培育骨干经营主体的目标。为了实现这两大目标，日本逐渐形成了产业政策和地区政策两大类配套政策。同时，还提出了“进攻型农业”政策，主要从需求层面、生产层面、生产者与消费者的价值链层面提出三大战略目标。为了实现上述目标，日本政府出台了“四化”政策措施，即农业发展的多元化、集约化、信息化和高附加值化。2014 年，日本发布了与实现“进取的农林水产业”相关的政策纲要，规定要扩大国内对食品的需求，提高农产品附加值，强化农业生产和维持农业的多功能性。

第二，推进农业结构优化。2016 年，日本颁布《农业竞争力强化计划》。该计划主要解决农业生产者自身无法解决的农业结构性问题，通过采取多项措施提高农业工作者收入，改造农业生产经营环境，提高农业竞争力。为了达到在国际市场具备竞争力的水准，日本需要降低农业生产资料价格，构建有利于生产者的流通加工体系。2017 年，日本又制定了《农业竞争力强化支援法案》。该法案将提高农业竞争力的规划法定化，为进一步提高农业竞争力提供了法律保障。

第二节　日本农协在小农生产现代化中的作用

一、充当政府与农户之间的桥梁

在日本农业发展的历史背景下，日本政府通过制定《农业协同组合法》，将农业合作组织以“农业协同组合”的形式组建成农协。日本农协和政府是一种相互依赖、相互作用的关系。在日本政府的大力扶持下，农协逐渐发展起来，并且已经成为日本政府处理事务的代理机构之一。农协依靠政府制定保护农户利益的农业政策，政府制定的法律、政策依靠农协帮助实施。政府和农协在实行关于农民利益关系的政策时，农协总是站在农民一边，始终维护农民的利益。1947 年，日本颁布了《农业协同组合法》，积极动员小农户加入基层农协，并且推进县、市成立农协。在政府的推进和主导下，农协中农民的数量快速增加。日本农协具有多方面的功能，从农业生产、购销、信贷、保险，到农户的医疗卫生保健和文体活动等，只要是与农村经济和农户生活相联系的，农协都会参与其中并起着重要的作用。农协在政府和农民之间充当着“准政府机构”和“政治团体”的角色。在政府方面，农协具有协助政府贯彻农业政策的职能；在农户方面，农协承担着代表农户向政府提出有关农业生产方案的建议和想法的职能。政府对农协开展的活动给予资金支持，在财政和税收方面会有一定的优惠补贴。农协针对不同类型的农户需求制定相应的优惠补贴方案，帮助农户获得最佳的生产方案，降低农业生产成本。

二、发展农民职业教育，提高农民专业化程度

第二次世界大战后，随着工业的高速发展，日本农业也开始发生变化。农业的变化对农业技术状况有了新的要求。因此，日本对于农业教育越来越

重视。日本农民职业教育有三个发展阶段：第一，初步构建阶段。受战争影响，日本出现了人口减少、生产停滞等一系列农业发展问题，政府开始重视农民职业教育，实施了增设农业综合高中、成立专门的农民职业教育机构、建立国外研修制度等措施，还制定了相关的法律政策，以提高农民的生产技能，恢复农业生产。第二，快速发展阶段。随着工业化的快速发展，日本出现了工农收入差距扩大、农户兼业现象严重等问题。政府创建了农业大学继续教育机构和教育信息采集中心，构建一个办学形式多元化、教学内容多样化的完整农民职业教育体系。第三，全面完善阶段。随着世界能源危机和新技术革命的出现，日本开始将经济发展的重心向知识密集型产业转移。为了适应国际环境的变化，日本政府通过完善农民职业教育体系、调整职业教育内容、加强农村信息化建设等措施，创新教育内容和方式，把日本的农民职业教育推向一个高速发展的阶段。

日本农民职业教育体系具有二元化、多层次、社会共同参与等特点。农协作为一个具有专业性、综合性的农业合作组织，不仅在市场流通与生产领域能够起到带头作用，而且在教育方面也发挥着很重要的作用。日本政府十分重视农村农业方面的教育，由政府部门颁布了相关的政策法规，社会组织与民间团体积极配合实施。农协既是农民携手共进的合作组织，也是一个从中央到地方的组织。全国农协系统、各县农协、基层农协分设中央协同组合学院、教育审议会、农业管理中心。中央协同组合学院主要负责农协组织职员的教育，各县农协负责审议教育基本事项，基层农协对农户的生产技术、经营管理和市场流通等有指导性作用，并积极鼓励农民之间进行交流和学习。农协会对组织内的农民和农村社区的居民开展各种教育培训活动，不断提高农协职员的教育素质，增强农业工作者的技术知识。

三、 提供农业金融服务，缓解农民经济压力

日本的农业金融体系主要包括合作金融、商业金融和政策金融三部分。

由于商业贷款具有较高的风险和较低的收益，商业金融发展比较缓慢，在金融体系中所占比重也较小。因此，农业合作金融和农业政策金融成为日本农业金融体系的两大支柱。日本农业政策性金融会在农林渔业者生产所需资金不足向金融机构筹款时，给予他们利率较低、偿还期较长的资金，以保证他们的生产正常进行。日本农业合作金融主要指的是农协系统，分为农业协同组合、信用农业协同组合联合会、农林中央金库三级。农业协同组合直接与农户建立存款、贷款和结算性贷款等信贷关系，农协还可以为农业生产办理保险业务，为农户的农业产销活动提供市场信息和生产技术。信用农业协同组合联合会充当农协和农林中央金库的桥梁和纽带，主要负责农协的资金管理，并且在农协需要时提供融资。农林中央金库是农协系统内最高级的机构，主要负责对系统内的所有资金进行融通、调剂、清算。它的资金不仅能用于农协系统内的流通，还可以为其他关联大型企业提供贷款和其他服务。农协系统的三层机构有着相互制约并相互作用的关系。农协在日本农业金融中扮演着很重要的角色，为农业生产提供了良好的金融基础和资金支持。

四、促进农业市场化，保障农民权益

农业市场化对推动农业经济增长有着重要作用，而日本农协在推进农业市场化的过程中也发挥着很重要的作用。日本农协设有营农指导协会，主要对农户的农业生产和生活提供指导。在此协会下还设有专职的农业指导员，其根据农户的生产计划进行市场信息调查，掌握市场行情，并且根据当地农地资源利用情况及自然因素，及时对农户的生产计划进行调整，降低生产风险，如图 6-3 所示。农协的销售系统主要是将收集的农产品通过市场交给流通业者，销售方式主要以“共同销售”为主，即农户无条件把农产品交给农协，农协统一进行市场销售。在销售更大数量的农产品时，农协还会与其他农业协同组合进行更大规模的共同销售。日本农协在开展农产品销售方面具有市场优势，会把农户的农产品集中起来共同销售，在集中数量、统一质量的条件下，在市场流通时农协可以起主导作用，以降低市场交易成本。农协会有计划地对农户的生产需求及市场信息进行调查，制订符合农业生产者需求的生产方案，农户按此方案进行生产。在农协销售农产品时，对于由一些不可控因素造成的农户损失，农协会给予农户一些补偿。

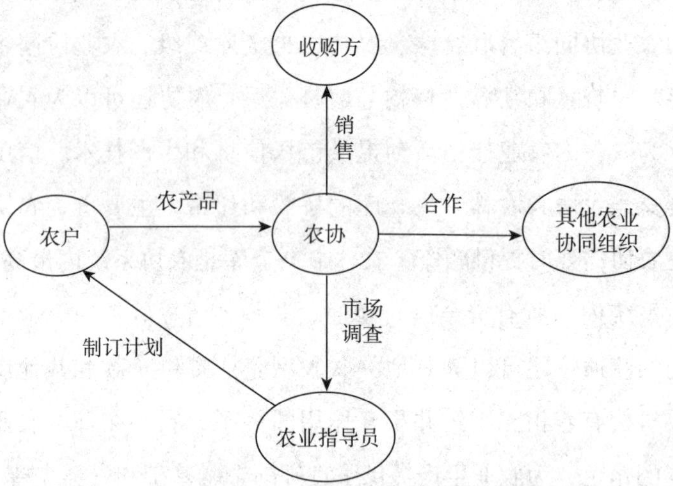

图 6-3　日本农协对农户生产销售指导示意图

第三节　东亚地区小农生产现代化对我国的启示

一、加大政府对农村合作社的支持力度

从日本出台的法律及措施来看，日本政府对于农协的扶持力度是非常大的，农协是在政府大力支持和政策指导下建立的合作组织。日本农协已经成为政府的行政代理机构，行使政府给予的特殊权利来维持农业生产秩序。农协不仅可以执行一些政策，如补助金政策、贷款政策、农产品收购政策、农

产品价格政策等，也可以帮助农户在市场上进行农产品销售和流通。同时，农协作为农民的合作组织，代表着农户利益。当政府制定的政策可能影响农户时，农协有权对政府制定的农业政策提出建议，要求政府提高农产品价格、增加农业补助金等。与日本相比较，我国政府对于农村合作社的政策支持还不够完善。目前，我国农民合作社在发展过程中遇到了一定困难。一方面，合作社农民众多，并且有很强的合作意愿，但是他们自身缺乏专业知识，没有一定的管理和组织能力，因此无法领导组织农民共同进行农业生产；另一方面，由于缺乏资金，农产品销售只能以个人为主，大大提升了交易成本。基于农村的环境和特点，农民属于弱势群体，无法建立起农村合作社，因此只能依靠致富能人或村干部带头引领。这种情况下可能会出现一定风险：第一，在合作社运营过程中，如果合作社没有很好地达到管理者和农民的心理预期，大家的热情就会受到很大的打击，从而降低对农村合作社的期望。第二，农村合作社的管理者会因为个人想法和欲望，在某些情况下为了个人利益而损害农民利益，改变合作社的性质。因此，我国应该借鉴日本农协的做法，完善农村合作社的运营体系。

首先，政府应该通过部署机构有组织地推进建设农民合作社。地方政府可以通过基层的相关机构，帮助开展合作社的教育培训工作，培养合作社专业人才和农民核心骨干，并分派专业工作人员实地帮助和指导农民建立和管理合作社。同时，政府不应当使用行政手段直接干预农村合作社的经营管理，而是应通过法律、政策等手段间接管理和监督合作社。另外，应督促农村基层干部认真学习和把握农民合作社专业知识，使其有能力指导当地农民建立规范的农民合作社。政府应当保证合作社的民主管理和决策制度能够正常运行，保证农民在合作社有自己的权利，在民主决策中有实质性参与的机会；同时，对合作社的财务需要提供农业补助金和贷款等服务，使合作社在农作物设备的配置和农业技术引进过程中，能够给予农民一定的财务支持。

二、 大力培养核心农户， 加强农村教育机构建设

日本政府对发展农业教育非常重视，已经形成了完备的农业教育体系。日本农民的职业教育是农业教育中的一个重要环节，在推进农业现代化进程中有一定的基础地位。日本拥有多层次的立体化农业教育体系，以官方教育系统为主体，与民间团体和社会组织相配合。日本农业教育十分重视实践在农业生产中的地位，提倡及时把所学的知识结合实际并应用到农业生产中，检验农业生产成果。我国农业教育发展水平与其相比，还存在很大的差距，农村教育资源匮乏成为农业教育发展缓慢的一个重要因素。受到经济发展和经费投入的影响，城市对于教育的投入相比农村多很多，农村教育没有足够的资金去发展。由于我国农村农民缺乏专业知识和技术指导，在现有经济和环境因素下农民进行农业生产时会遇到很多困难，在生产中会因市场风险和自然风险蒙受很大的经济损失。由于农村的基础设施落后，农民在接收信息的过程中会产生一些困难，导致信息接收错误、信息接收不全或学习进度缓慢等，影响农业教育的发展。

在当前发展环境下，我国应当加快完善农民职业教育体系。第一，重视培养农村教育骨干力量及核心农户。充分利用各类资源，对专业大户、家庭农场经营者进行知识和技术培训，提高生产技术和经营管理水平；对农民开展正规职业教育，提高农户综合素质，成为具有一定技能的优秀技术人才，推进农村改革发展。第二，加强农业职业教育的基础建设。我国职业教育学校教学条件普遍较差，国家应当加强对涉农教育学校及其相关机构的建设力度，对农民合作组织的农业教育活动开展所需资金应给予一定的帮助，加强建设农民图书室、农民技术学校和农民成人学校，提供优质教育，推进农村农业教育的发展。

三、 完善农业金融体系功能，创新农村信用制度

农村金融作为农村经济发展的核心，健康的农村金融生态环境有利于加快农村经济发展，实现农村经济快速增长。如前文所述，日本农协金融包括三个层级机构，机构之间相互联系、相互作用，形成完备的金融系统。农协不仅给农民提供低息甚至无息贷款，还提供保险服务，保障了农民的经济利益。同时，农协还为其成员提供多种多样的服务，包括为农户提供农业管理和技术方面的指导、提供储蓄业务、提供农户所需生产生活物品、提供农产品的市场销售流通服务等。虽然近几年我国的农村金融改革快速推进，但是改革是一个漫长的过程，我国至今还没有建立完善的农村金融体系。这体现在以下两个方面：第一，农村金融体制不健全。由于农村金融市场竞争的增加，农村信用社合作金融的产权制度发生了变化。在一些农村地区，农村金融具有传统和单一的特点，满足不了农户需求；有些金融机构还未形成统一的整体，对农户的金融服务并不完善。第二，缺乏农村金融风险化解机制。我国城乡金融市场环境不一样，农村的农业生产和投入具有一定的风险，农村金融机构需要承受很大的金融风险。目前，我国农村金融体制缺乏对农村主体信用违约的惩戒措施，同时对农村借贷违约行为的监管力度也不足。

对此，我国应促进农村金融体系在推进适度规模经营发展和健全社会化服务体系等方面发挥作用，从资金供应方面满足农户的资金需求，对农户农业生产提供贷款和保险服务，加大农村金融机构在农业现代化进程中的“支农”职能。应健全储蓄银行的“支农”功能，增加农村资金的来源，提高金融服务水平。另外，我国应逐步建立农村金融风险防范体系。各地政府要加快农村金融生态环境建设，构建完善的农村信用体系，对农村信用体系进行监督考核，进行风险防范机制的规范引导。应结合每个地区的特点，完善创新农村信用担保机制，建立农村征信体系，降低信息不对称带来的信用风险。要发挥法律对农村违约行为的约束作用，建立完备的违约行为惩戒制度，创

造良好的农村金融生态环境。

四、建设农业社会化服务体系

（一）政策方面

日本政府非常重视农业的地位，对农业生产及农民生活给予相关的政策法律支持。在推进农业机械化、发展农业金融体系、扶助农业协同组织等方面，政府都颁布了相关的政策。农村机械数量越来越多，加快了农业机械化的实现；农民得到了更多的政策补贴和优惠，农业生产活动有了资金支持，农民收入水平有了一定的提高；农协得到了政府的大力支持，在政府和农民之间担当着重要角色，时刻保护着农民利益。

近年来，我国农业发展过程中出现了一些问题。农民的收入水平本来就不高，农业生产、生活资料的价格却快速上涨，长此以往，农民将无法承受农业生产、生活的费用。从事农业生产所带来的收入较低，农民放弃农业前往大城市寻找新的工作，给城市带来了就业问题。农村劳动力的流失，造成农业用地弃荒现象越来越显著。因此在面临众多农业问题时，我国应该制定相应的政策措施，帮助农村解决农业生产问题，降低农业生产的风险，加快农业机械化进程；应通过实行税收补贴政策，减轻农民经济支出压力，稳定农民的工作收入。

（二）组织方面

日本农协对于农民的权益及权利方面有一定的原则，农协始终保持着“为农民服务”的宗旨。在政府和农民面前，农协始终站在农民一边，保护农民的经济和政治权利。日本农协不仅鼓励农民加入，而且还吸收非农民加入，以便扩大组织力量，完善组织体系。农协限制组织内管理层人员的权利，鼓励农民参与农协内的一些行政决策并提出意见和建议。

基于我国农村经济和环境方面的原因，农民受教育程度不高，缺乏专业的技术知识，在社会上处于弱势地位，且部分地区的企业会为了自身利益侵害农民的个人利益。因此，我国应该保护农民在政策实施中的权利，完善农民权益保护机制。政府在进行决策时，可以通过农协收集农民的意愿和建议，最大力度保障农民权益。在大型农业企业和龙头企业与农民的农业交易中，农协应当发挥作用，充当交易流程中的监督者，使农民和企业在交易过程中处于平等的地位，防止企业损害农民权益。

（三）社会方面

日本农业社会化服务具有组织性和高效性，主要通过农协向农民提供农业社会化服务。同时，农协在农业生产经营过程中还发挥着不可替代的作用，主要是为基层农协组织提供业务指导服务，为农民提供购销事业服务、信用事业服务、保险事业服务、指导事业服务和医疗事业服务等，推动日本农业经济发展和技术进步。

我国在农村社会服务方面还存在一定的问题，例如支持农业社会化服务体系建设的相关制度不够完善、农村社会服务面积覆盖不够、地方基层组织对农户的服务能力不强、现代农业服务的宣传力度不足。面对这些问题，我国应该充分发挥政府作用，通过经济和法律手段加强农村社会化服务；鼓励发展农业合作组织服务体系，利用农业合作组织的优势，为农业社会化服务体系建设提供更多的政策保障；完善农业生产经营全过程的综合性服务，大力推进农业进行标准化生产，提升农业社会化服务的专业化水平。

第七章　西南农村地区小农生产现代化的政策建议及法律保障

本章首先归纳总结了本书的研究结论，据此提出了若干具有针对性的政策建议；其次，提出了关于加快促进小农户发展立法进程的建议，此为笔者在法律层面为促进小农户融入现代农业发展轨道提出的个人主张。

第一节　研究结论与政策建议

一、研究结论

从前文的分析可知，在我国人多地少、大国小农的国情和农情条件下，期望通过土地流转形成农业规模经营，进而实现农业现代化的道路在现阶段已经遇到了困难。这一点已经被多年来的实践所证明，在学术界也基本达成共识。但是，在新时期实施什么样的模式来促进农业现代化发展，仍然存在很大的争议。党的十九大报告中提出了“实现小农户和现代农业发展有机衔接”的重要论断，为学术界探讨实现农业现代化新道路指明了方向，同时也迫使学术界对如何以小农户为中心实现具有中国特色的农业农村现代化开展更加深入的理论创新和实践研究。通过本书的研究，我们认为坚持以小农户为主体，在继续大力发展新型农业经营主体和服务主体的同时，充分发挥其对小农户的组织和带动作用，通过小农户的组织化和农业社会化服务的规模化来促进农业农村现代化是一条可行的路径。在坚持和完善家庭承包经营的基础上，通过保护小农户的合法权益、提升小农户的内在发展能力、提高小农户的组织程度、健全面向小农户的农业社会化服务体系，引导、带动和组织小农户融入多种形式的规模经营，实现小农户与现代农业发展的有机衔接，从而保证乡村振兴和农业农村现代化的全面实现。

二、 政策建议

根据本书的研究结论，我们认为基于西南农村地区的资源禀赋、经济社会发展、产业发展及小农户分化的现状，应该遵循政府支持与市场导向相结合的原则，因地制宜、分类施策，充分保障小农户的合法权益①，采取多种行之有效的政策措施，促进小农户与现代农业发展的有机衔接。

（一）提升小农户内在发展能力，为小农户融入现代农业发展轨道夯实基础

第一，加强对小农户的培训，提高其生产经营能力。充分发挥高等院校、涉农职业院校等教育培训机构的专业优势，对小农户开展农业教育和普及工作，提升小农户的生产能力和农业技术应用能力。鼓励新型农业经营主体采取农民夜校、田间学校等灵活、有效的培训形式，对小农户开展种养技术、经营管理、污染防治等方面的培训。同时，以提供补贴等方式激励小农户自觉接受技术和管理方面的培训。

第二，引导小农户向家庭农场、新型职业农民转变。对于有长期稳定务农意愿的发展型小农户，给予贴息贷款、优先承租土地等优惠措施，鼓励其稳步扩大规模，促进其发展成为规模适度、生产集约、管理先进、效益明显的家庭农场。通过强化政策扶持，完善培育制度，健全培训体系，培育有意愿的小农户成长为“爱农业、懂技术、善经营”的新型职业农民。

① 保障小农户合法权益的相关建议在本章第二节中论述。

（二）提高小农户组织化程度，为小农户融入现代农业发展轨道提供组织保障

第一，创新农民合作组织与小农户的合作机制。不断完善农民合作社与小农户的合作机制，是提高农民组织化水平的关键。发展合作社要坚持小农户成员的主体地位，不断创新小农户与合作社及龙头企业之间的合作机制。支持合作社依法自愿组建联合社，提升小农户合作层次和规模。

第二，充分发挥龙头企业对小农户的带动作用。继续完善龙头企业带动小农户的机制，鼓励龙头企业采取保底分红、二次返利等新形式来带动小农户共同发展。创新小农户与龙头企业的利益联结机制，把对龙头企业的政策优惠与带动小农户生产挂钩。探索发展农业产业化联合体，促进龙头企业与小农户形成稳定的利益共同体。

第三，引导小农户开展自我联合与合作。鼓励、支持小农户通过组建合伙农场等方式开展联合生产，降低生产成本，提高生产效率，增加农业收入。引导小农户组建产业协会、联合会等新型合作组织，增强小农户对市场的话语权，提升小农户的市场竞争力。

（三）建立健全面向小农户的农业社会化服务体系，为小农户融入现代农业发展轨道提供服务保障

第一，继续发挥政府及相关机构在提供公益性、基础性农业社会化服务中的作用。在政府农技推广系统及县乡等基层农技部门建立农业技术推广中心，为小农户提供农业技术培训、推广优质农资、联系农机作业等服务。推行政府购买服务，引导各类社会主体加入为小农户提供服务的队伍。

第二，鼓励新型农业经营主体和服务主体为小农户提供更多的农业社会化服务。各类农民专业合作社、龙头企业、技术协会或农民协会等组织，其本身既是生产经营主体，也是农业服务主体。应充分发挥这些服务主体的优势，为小农户提供全方位的经营型社会化服务，带动小农户融入现代农业的发展轨道。

第三，挖掘农村集体经济组织提供农业公益性服务的潜力。一直以来，农村集体经济组织在提供道路、水利、电力、农资及农机作业服务方面具有明显的优势。作为农村的基层组织，村集体经济组织能够更加有效地整合全体农民的资源，在改善农业基础设施方面发挥更大的作用。

（四）政府要继续完善相关制度，出台各项扶持政策，为小农户融入现代农业发展轨道提供制度保障

第一，深化农村经营制度改革，完善新型农业经营和服务体系。要发展壮大集体经济，探索通过“三变”改革促进农村集体经济组织向农村社区股份合作制转变。培育多层次新型农业经营主体，完善与小农户的利益联结机制，重点帮助小农户处理好农业生产中关键环节存在的难题，为小农户融入现代农业提供农业社会化服务。

第二，落实农村土地制度政策，保护小农户承包经营权不受侵害。要落实好党的十九大提出的“第二轮土地承包到期后再延长三十年”的政策，维护小农户的承包经营权，消除小农户扩大经营规模、发展现代农业的后顾之忧。同时，完善土地流转政策，引导小农户自愿采取互换并地等方式，逐步实现小农户的土地集中经营。要高度重视非农户退出承包地的问题，严禁使用非自愿方式强制或诱导小农户退出承包地。

第三，加强对小农户的财政支持和金融服务。对于目前的小农户来说，缺乏资金仍然是制约其发展的最大桎梏。应完善农业支持保护政策制度，稳定和完善普惠性的、直接面向小农户的补贴政策。完善无抵押、无担保的小农户小额信用贷款制度，推行农村承包土地经营权抵押贷款来促进提升小农户的融资能力。建立健全农业保险保障体系，发展与小农户生产关系密切的农业保险业务，提高小农户抵御风险的能力。

第四，完善农业软硬基础设施建设，消除小农户在现代农业发展中的障碍。政府应采取以奖代补、先建后补等措施，组织小农户建设农业基础设施并进行自我管护。推广适应小农户生产经营和产业特点的农业技术，研发适

合山区作业的农业机械设备，提升小农户机械化水平。同时，加强农村信息化基础设施建设，推广互联网和人工智能技术，利用好电商平台为小农户提供营销服务。创建返乡创业园、创业孵化基地，提升小城镇服务小农户功能。

第二节　关于加快促进小农户发展立法进程的建议

2019 年，中共中央办公厅和国务院办公厅印发了《关于促进小农户和现代农业发展有机衔接的意见》，这是党和国家关于小农户发展的顶层设计文件，具有极高的指导和规范作用。从规范性文件的类型看，该文件属于行政法规，其法律效力低于基本法律。目前，已经进入立法审议程序①的《中华人民共和国乡村振兴促进法》虽属于基本法律，但其中并没有专门关于促进小农户发展的章节。因此，为了给小农户与现代农业发展有机衔接提供法律保障，我们建议立法机关效仿《中华人民共和国中小企业促进法》，加快促进小农户发展立法的进程，此为笔者在法律层面为促进小农户融入现代农业发展轨道提出的个人建议。

一、 立法的必要性

（一）加快促进小农户发展立法进程是将党和国家的方针政策及时转化为国家法律的需要

解决农业、农村、农民问题要立法先行。在相当长的时期里，我国“三

① 截至 2020 年 12 月 22 日，该法仍处于法律草案修改审议阶段。详见 http：//www. npc. gov. cn/npc/xczxcjflf002/202012/b6b3a2bc86c8444b99c1809554ac30f0. shtml.

农”问题的解决更依赖于政策的推动[①]。比照国外部分农业强国的实践，通过法律手段保障农业政策长期稳定是目前的普遍做法。针对政策易变的特点，可以先把部分成熟的内容如基本制度、指导原则和基本措施以特别法（促进法）的形式尽快制定出来，之后再根据其他逐步成熟的政策内容对法律进行进一步的修订完善。通过这种“先成型，后完善”的策略可以大大缩短立法的时间。

（二）加快促进小农户发展立法进程是有效完善我国法律体系的需要

目前，我国的法律体系以推进城市发展的内容居多，针对“三农”问题的法律相对较少，专门针对小农户发展的法律更是处于相对空白的状态。因此，通过加快促进小农户发展的立法，可以完善我国的基本法律体系，强化乡村振兴的法治保障，充分发挥立法在小农户发展中的保障和推动作用。

（三）加快促进小农户发展立法进程是充分保障小农户合法权益的需要

当前，我国存在农村发展不充分的问题，而且小农户又是农业农村现代化发展不充分的集中体现。因此，需要立法来确认小农户在农业现代化发展中的法律地位，充分保障其合法权益。此外，小农户的现代化不仅需要广大小农户的自身努力，更需要各级职能部门的引导和扶持。通过立法可以明确各级职能部门履行扶持小农户发展的职责，杜绝各级职能部门在扶持小农户发展工作中的不作为或违法行政的现象。

二、 立法的指导思想及基本原则

（一）指导思想

以习近平新时代中国特色社会主义思想为指导，深入贯彻落实乡村振兴

① 可能的原因在于立法程序比较复杂，需要经历较长的过程，而且目前我国农村社会又处于一个动态发展的转型时期，因而难以将本身不断变动的政策内容以法律的形式固定下来。

战略，协调好以小农户家庭经营为基础与多种形式适度规模经营的关系，充分发挥小农户在乡村振兴中的主体作用，切实维护小农户各项合法权益，稳步推动传统小农户向现代小农户转变，实现小农户与现代农业发展有机衔接，促进农业农村现代化的全面实现。

（二）基本原则

1. 坚持党的领导原则

通过立法明确中国共产党对“三农”工作的领导地位，确保党在“三农”工作中始终总揽全局、协调各方，为促进小农户的发展提供有力的政治保障。

2. 坚持小农户为中心原则

通过立法确立小农户在乡村振兴过程中的主体地位，处理好发展规模经营与保护小农户的关系，切实保护小农户各项合法权益，保证小农户在现代农业的发展中获得相应的利益。

3. 坚持政府支持，市场引导原则

通过立法协调发挥政府与市场在促进小农户发展过程中的作用，既要发挥市场配置资源的决定性作用，也要充分发挥政府的政策扶持作用。让市场机制和政策机制共同引导小农户转变生产经营方式，提高小农户生产效率。

4. 坚持问题导向原则

通过立法增强扶持措施的针对性和可操作性，充分考虑小农户的阶段性特征和不同地区发展水平的差异，顺应小农户分化趋势，因地制宜、分类施策，确保不同类型小农户都能顺利融入现代农业的发展轨道。

三、 立法的基本框架

我们建议，按照“保护小农户、提升小农户、组织小农户、带动小农户、服务小农户、扶持小农户”的思路构建基本框架。具体包括总则、权益保护、能力提升、组织带动、社会服务、产业发展、政策扶持、监督检查和法律责任等内容。具体内容如下。

（一）总则

规定立法宗旨、立法基本原则、小农户内涵、领导体制等内容。重点是界定小农户的内涵及其认定标准，以及建立扶持小农户发展的工作协调机制，防止“政出多门”导致相关职能部门出现相互扯皮的问题。

（二）权益保护

保护小农户享有各项合法权益，对小农户的生产自主权、土地承包经营权、宅基地使用权、集体资产收益权等进行法定化，防止其他经营主体利用优势地位侵犯小农户的合法权益。通过立法赋予小农户在社会保障、公共服务等方面的权益。

（三）能力提升

通过发挥政府引导作用，采取有效的措施明确鼓励教育培训机构和新型农业经营主体采用多种形式加强对小农户的培训，提高其生产经营能力。培育有经营意愿的小农户向家庭农场、职业农民转变。

（四）组织带动

引导和鼓励小农户开展合作与联合。引导小农户组建或加入农民合作社，完善集体经济组织统一经营功能，发挥龙头企业对小农户的带动作用，鼓励和支持小农户与龙头企业形成稳定利益共同体。实现小农户与市场的对接，提高小农户的组织化程度。

（五）社会服务

鼓励各类农业服务主体发展农业生产性服务业，推动农业生产托管服务，推进面向小农户的产销服务，实施“互联网+小农户”计划，提升小城镇服务小农户功能，建立健全面向小农户的农业社会化服务体系。

（六）产业发展

鼓励小农户创业就业，发展各类适合小农户的具有特色的新产业、新业态。鼓励新型农业经营主体带动小农户融入现代农业生产体系，实现规模化、专业化、集约化生产，提高生产效率，降低生产成本，增加农业收入。通过增效降本增收，保障小农户实现共同富裕。

（七）政策扶持

将支持保护小农户的各项政策法定化。稳定和完善普惠性的、直接针对小农户的补贴政策。完善无抵押、无担保的小农户小额信用贷款制度，完善农业保险保障体系，设立扶持小农户专项资金和小农户发展基金，提高小农户的融资能力和应对风险的能力。

（八）监督检查

为确保小农户发展的各项工作能有效开展，需要建立目标责任制和考核评价制度，层层压实责任，多层次、多角度地落实各级职能部门对促进小农户发展的责任。

（九）法律责任

禁止出现各级职能部门在扶持小农户发展工作中的不作为或违法行政的行为，明确法律责任。

四、 立法的路径

为了保障本法的合理性和可操作性，建议通过以下方式推进立法进程：一是通过民意调查、网络调查等方式向社会公开征集立法意见和建议，分析整理制约小农户发展的突出问题和对促进小农户发展立法的主要意见。二是邀请专家学者、新型农业经营主体负责人、各省市职能部门负责人作为顾问小组成员，就有关立法问题征询其意见和建议。三是赴各地就小农户的生产经营、分化现状、面临的困难、发展趋势等问题开展深入调研，广泛听取全国人大代表、地方政府、小农户代表的意见。四是研究参考日本、韩国、中国台湾等国家和地区有关促进小农户发展的法律和政策，吸收借鉴其经验。在上述工作基础上，组成起草组进行专题研究论证，并起草法律草案，提交全国人大及其常务委员会审议。

参考文献

［1］中共中央马克思恩格斯列宁斯大林著作编译局．马克思恩格斯文集：第四卷［M］.北京：人民出版社，2009.

［2］恰亚诺夫．农民经济组织［M］.萧正洪，译．北京：中央编译出版社，1996.

［3］舒尔茨．改造传统农业［M］.梁小民，译．北京：商务印书馆，1999.

［4］艾利思．农民经济学：农民家庭农业和农业发展（中文版）［M］.上海：上海人民出版社，2006.

［5］贺雪峰．小农立场［M］.北京：中国政法大学出版社，2013.

［6］郭圣乾，张纪伟．农户生计资本脆弱性分析［J］.经济经纬，2013（3）：26-30.

［7］潘璐．“小农”思潮回顾及其当代论辩［J］.中国农业大学学报（社会科学版），2012（2）：34-48.

［8］斯科特．农民的道义经济学：东南亚的反叛与生存［M］.程立显，等，译．南京：译林出版社，2001.

［9］刘易斯．二元经济论［M］.施炜，译．北京经济学院出版社，1989.

［10］何秀荣．关于我国农业经营规模的思考［J］.农业经济问题，2016，29（9）：4-15.

［11］富兰克林．四千年农夫：中国、朝鲜和日本的永续农业［M］.程存旺，石嫣，译．北京：东方出版社，2011.

［12］贺雪峰，印子．“小农经济”与农业现代化的路径选择：兼评农业现代化激进主义［J］.政治经济学评论，2015，6（2）：45-65

［13］范德普勒格．新小农阶级［M］.北京：社会科学文献出版社，2016.

［14］邓大才．社会化小农：动机与行为［J］.华中师范大学学报（人文社会科学版），2006（3）：9-16.

［15］张新光．新中国农民生活方式变迁的主要特征及前景展望［J］.贵州社会科学，2009（10）：36-41.

［16］郭庆海．小农户：属性、类型、经营状态及其与现代农业衔接［J］.农业经济问题，2018（6）：25-37.

［17］马亚飞，吕剑平．新时代实现我国西部地区小农户与现代农业发展有机衔接路径研究［J］.中国农机化学报，2019，40（1）：193-197.

［18］姜长云．促进小农户和现代农业发展有机衔接是篇大文章［J］.中国发展观察，2018（1）：47-50

［19］叶敬忠．实践证明小农户并非现代化发展梗阻［J］.当代贵州，2019（13）：30-31.

［20］蒋永穆，戴中亮．小农户与现代农业：衔接机理与政策选择［J］.求索，2019（4）：88-96.

［21］李铜山，张迪．实现小农户和现代农业发展有机衔接研究［J］.中州学刊，2019（8）：28-34.

［22］贺雪峰．保护小农的农业现代化道路探索：兼论射阳的实践［J］.思想战线，2017，43（2）：101-111.

［23］韩长赋．积极推进小农户和现代农业发展有机衔接［J］.农业工程技术，2018，38（3）：8-10.

［24］阮文彪．小农户和现代农业发展有机衔接：经验证据、突出矛盾与路径选择［J］.中国农村观察，2019（1）：15-32.

［25］苑鹏，丁忠兵．小农户与现代农业发展的衔接模式：重庆梁平例证［J］.改革，2018（6）：106-114.

［26］熊磊．小农户和现代农业发展有机衔接研究：基于重庆市永川区调

研 [J].农业经济与管理，2019 (4)：18-25.

[27] 孔祥智，穆娜娜．实现小农户与现代农业发展的有机衔接 [J].农村经济，2018 (2)：1-7.

[28] 徐旭初，吴彬．合作社是小农户和现代农业发展有机衔接的理想载体吗？[J].中国农村经济，2018 (11)：80-95.

[29] 郭斐然，孔凡丕．农业企业与农民合作社联盟是实现小农户与现代农业衔接的有效途径 [J].农业经济问题，2018 (10)：46-49.

[30] 陈航英．小农户与现代农业发展有机衔接：基于组织化的小农户与具有社会基础的现代农业 [J].南京农业大学学报（社会科学版），2019，19 (2)：10-19，155.

[31] 张红宇．大国小农：迈向现代化的历史抉择 [J].求索，2019 (1)：68-75.

[32] 王兰兰．从中国发展看“农民”一词的英译 [J].考试周刊，2010 (7)：40-41.

[33] 黄宗智．华北的小农经济与社会变迁 [M].北京：中华书局，2000.

[34] 中国大百科全书出版社编辑部．中国大百科全书 [M].2 版. 北京：中国大百科全书出版社，1998.

[35] 张新光．“小农”概念的界定及其量化研究 [J].中国农业大学学报（社会科学版），2011 (2)：157-168.

[36] 张红宇．实现小农户和现代农业发展的有机衔接 [N].农民日报，2017-11-21 (1).

[37] 施祖法．实现小农户与现代农业发展有机衔接 [J].人民周刊，2018 (4)：62-63.

[38] 叶敬忠，张明皓．“小农户”与“小农”之辩：基于“小农户”的生产力振兴和“小农”的生产关系振兴 [J].南京农业大学学报（社会科学版），2019，19 (1)：1-12，163.

［39］郑淋议，张丽婧，洪名勇．小农经济研究述评：几个重大问题辨析［J］.西北农林科技大学学报（社会科学版），2019，19（3）：104-111.

［40］徐芹．马克思恩格斯论中国小农经济及其现实启示［J］.理论月刊，2019（3）：13-19.

［41］韩俊．在家庭经营基础上推进农业现代化［J］.中国农业信息，2014（1）：13-16.

［42］杜鹏．社会性小农：小农经济发展的社会基础：基于江汉平原农业发展的启示［J］.农业经济问题，2017，38（1）：57-65，111.

［43］黄宗智．《中国新时代的小农经济》导言［J］.开放时代，2012（3）：5-9.

［44］张孝德，张文明．农业现代化的反思与中国小农经济生命力［J］.福建农林大学学报（哲学社会科学版），2016，19（3）：1-5，13.

［45］杨磊，徐双敏．中坚农民支撑的乡村振兴：缘起、功能与路径选择［J］.改革，2018（10）：60-70.

［46］黄宗智，彭玉生．三大历史性变迁的交汇与中国小规模农业的前景［J］.中国社会科学，2007（4）：74-88，205-206.

［47］马小勇，白永秀．中国农户的收入风险应对机制与消费波动：来自陕西的经验证据［J］.经济学（季刊），2009，8（4）：1221-1238.

［48］李宪宝，高强．行为逻辑、分化结果与发展前景：对 1978 年以来我国农户分化行为的考察［J］.农业经济问题，2013，34（2）：56-65，111.

［49］蔡昉．中国“三农”政策的 60 年经验与教训［J］.广东社会科学，2009（6）：148-157.

［50］苏群，汪霏菲，陈杰．农户分化与土地流转行为［J］.资源科学，2016（3）：377-386.

［51］刘同山，李竣．论中国小农户的前景与出路［J］.中州学刊，2017（11）：47-51.

［52］庄天慧，骆希．小农生产主要特征、困境及与现代农业有机衔接路

径研究：基于四川省的实证研究［J］.农村经济，2019（11）：8-18.

［53］蔺全录，包惠玲，王馨雅．美国、德国和日本发展家庭农场的经验及对中国的启示［J］.世界农业，2016（11）：156-162.

［54］熊磊，胡石其．小农户和现代农业发展有机衔接的路径找寻：重庆案例［J］.当代经济管理，2019，41（7）：31-37.

［55］中共中央办公厅，国务院办公厅．关于促进小农户和现代农业发展有机衔接的意见［EB/OL］.［2019-02-21］.http：//www.gov.cn/zhengce/2019-02/21/content_5367487.htm.

［56］玉林市力争到2020年培育认定万名新型职业农民［EB/OL］.［2016-05-13］.https：//www.sohu.com/a/75285893_381577.

［57］朱启臻．新型职业农民与家庭农场［J］.中国农业大学学报（社会科学版），2013，30（2）：157-159.

［58］中共中央政策研究室，农业部农村固定观察点办公室．农户收入结构变动分析［J］.中国农村观察，1997（6）：2-7.

［59］乔金亮．帮助农民 提高农民 富裕农民［N］.经济日报，2017-06-02（6）.

［60］农业农村部．关于印发《新型农业经营主体和服务主体高质量发展规划（2020—2022年）》的通知［EB/OL］.［2020-03-24］.http：//www.gov.cn/zhengce/2020-03/23/content_5494703.htm

［61］农业农村部办公厅．关于推介第一批全国家庭农场典型案例的通知［EB/OL］.［2020-01-09］.http：//www.moa.gov.cn/nybgb/2019/201910/202001/t20200109_6334703.htm.

［62］周应恒，胡凌啸．中国农民专业合作社还能否实现“弱者的联合”：基于中日实践的对比分析［J］.中国农村经济，2016（6）：30-38.

［63］王玉斌．小农户衔接现代农业的路径探析［J］.农村经营管理，2019（4）：29-30.

［64］骆治纬．提高小农户组织化程度的策略分析［J］.湖北农业科学，

2019，58（17）：180-183.

［65］王雪平．农村家庭承包经营视野下的小农户组织化提升路径研究［J］.农业经济，2019（6）：18-20.

［66］张晓山．农民专业合作社的发展趋势探析［J］.管理世界，2009（5）：89-96.

［67］仝志辉，温铁军．资本和部门下乡与小农户经济的组织化道路：兼对专业合作社道路提出质疑［J］.开放时代，2009（4）：5-26.

［68］徐旭初．谈发展“三位一体”综合合作［J］.中国农民合作社，2017（3）：29-30.

［69］王永平，周丕东．农村产权制度改革的创新探索：基于六盘水市农村“三变”改革实践的调研［J］.农业经济问题，2018（1）：27-35.

［70］吴重庆，张慧鹏．小农与乡村振兴：现代农业产业分工体系中小农户的结构性困境与出路［J］.南京农业大学学报（社会科学版），2019，19（1）：13-24，163.

［71］杨一介．我们需要什么样的农村集体经济组织？［J］.中国农村观察，2015（5）：11-18，30.

［72］农业农村部．2019 年全国农民合作社典型案例之二十一：贵州盘州市普古银湖种植养殖农民专业合作社［EB/OL］.［2019-08-27］.http：//www.hzjjs.moa.gov.cn/nchzjj/201908/t20190827_6323254.htm.

［73］中共云南省委农村工作领导小组办公室，云南省农业农村厅．云南省产业扶贫典型案例汇编［Z］.2018.

［74］金炜玲．农业产业化组织形式研究：土地股份合作社与微型企业的比较［J］.中国农业大学学报（社会科学版），2018，35（2）：71-80.

［75］刘卫锋，徐恩波．略论农业产业化的理论基础及运行机制［J］.农业经济，1995（8）：7-9，6.

［76］张克俊．农业产业化与社会主义市场农业的发展［J］.经济问题，1995（4）：14-16.

［77］杨先芬，胡继连，蒋庆功，等．农业产业化利益分配机制研究［J］．农业经济问题，1998（11）：3-5.

［78］雷玉明．农村中介组织与农业产业化［J］.湖北经济学院学报（人文社会科学版），2006（8）：55-56.

［79］闫玉科．农业龙头企业与农户利益联结机制调查与分析：以广东省为例［J］.农业经济问题，2006（9）：32-36.

［80］刘凤芹．“公司+农户”模式的性质及治理关系探究［J］.社会科学战线，2009（5）：45-50.

［81］苑鹏．“公司+合作社+农户”下的四种农业产业化经营模式探析：从农户福利改善的视角［J］.中国农村经济，2013（4）：71-78.

［82］唐润芝．龙头企业与农户的联结模式及利益实现［J］.重庆社会科学，2011（12）：44-49.

［83］王志刚，于滨铜．农业产业化联合体概念内涵、组织边界与增效机制：安徽案例举证［J］.中国农村经济，2019（2）：60-80.

［84］姜长云．完善农村一二三产业融合发展的利益联结机制要拓宽视野［J］.中国发展观察，2016（2）：42-43，45.

［85］陈东平，宋文华．农民与新型农业经营主体利益联结稳定性：信任的作用：基于多个案例的分析［J］.农村经济，2018（3）：99-105.

［86］姜长云．新时代创新完善农户利益联结机制研究［J］.社会科学战线，2019（7）：44-53.

［87］王军．“香蕉大王”说香蕉：访广西香蕉产业协会会长、广西金穗农业集团有限公司董事长卢义贞［N］.农资导报，2015-02-03（2）.

［88］林辉．农业现代化和新农村建设同步发展的“金穗模式”：广西隆安县那桐镇定江村定典屯的实践与探索［J］.中国发展，2014（3）：67-71.

［89］南宁市统计局．2018 年南宁市国定贫困县农村居民收入调研报告［EB/OL］．［2019-03-01］.http：//tj. nanning. gov. cn/tjsj/tjfx/t1680930. html.

［90］钱森，马龙波．合作社为枢纽的农企利益联结机制研究：以山东省

院东头镇茶产业为例［J］.林业经济，2018（1）：87-91.

［91］张衡．呼和浩特市农业龙头企业与合作农户利益联结机制研究［D］.咸阳：西北农林科技大学，2017.

［92］冯玉超．从金穗集团的实践看龙头企业土地流转模式的选择［J］.经济与社会发展，2014（1）：34-37.

［93］钟真．社会化服务：新时代中国特色农业现代化的关键：基于理论与政策的梳理［J］.政治经济学评论，2019，10（2）：92-109.

［94］孔祥智．健全农业社会化服务体系 实现小农户和现代农业发展有机衔接［J］.农业经济与管理，2017（5）：20-22.

［95］韩俊．大力发展农业社会化服务［J］.农村经营管理，2019（10）：26-31.

［96］芦千文．农业生产性服务业发展研究述评［J］.当代经济管理，2019，41（3）：38-44.

［97］张红宇．农业生产性服务业的历史机遇［J］.农业经济问题，2019（6）：4-9.

［98］农业农村部农村合作经济指导司．全国农业社会化服务典型案例［M］.北京：中国农业出版社，2020.

［99］宾幕容，文孔亮，周发明．农户畜禽废弃物利用技术采纳意愿及其影响因素：基于湖南462个农户的调研［J］.湖南农业大学学报（社会科学版），2017，18（4）：37-43.

［100］汪心怡，屈莉莉，程杨阳．结构方程模型及其在经济领域的应用研究综述［J］.现代商业，2020（27）：23-25.

［101］吴丽丽，李谷成．农户劳动节约型技术采纳意愿及影响因素研究［J］.华中农业大学学报（社会科学版），2016（2）：15-22，134-135.

［102］冯献，李瑾．基于TAM视角农户设施蔬菜信息技术接受行为影响因素实证研究［J］.北方园艺，2019（24）：136-145.

［103］夏蓓，蒋乃华．种粮大户需要农业社会化服务吗：基于江苏省扬

州地区264个样本农户的调查［J］.农业技术经济，2016（8）：15-24.

［104］新华社．中共中央 国务院关于稳步推进农村集体产权制度改革的意见［EB/OL］.［2016－12－29］.http：//www.gov.cn/zhengce/2016－12/29/content_5154592.htm.

［105］许佳贤，郑逸芳，林沙．农户农业新技术采纳行为的影响机理分析：基于公众情境理论［J］.干旱区资源与环境，2018，32（2）：52-58.

［106］晖峻众三．日本农业150年［M］.胡浩，等，译．北京：中国农业大学出版社，2011.

［107］宋圭武．小农特征、小农意识及其改造［J］.领导之友，2016（1）：16-19.

［108］曹斌．小农生产的出路：日本推动现代农业发展的经验与启示［J］.农村经济，2017（12）：121-128.

［109］饭田经夫．现代日本经济史：战后三十年的历程［M］.北京：中国展望出版社，1985：315-316.

［110］马红坤，李言，毛世平．提升小农竞争力：中国农业突围的现实选择及日韩典型经验［J］.经济学家，2020（2）：99-108.

［111］苏杭，李智星．日本“进攻型农业”政策的实施及启示［J］.现代日本经济，2017，36（2）：12-20.

［112］徐雪．日本乡村振兴运动的经验及其借鉴［J］.湖南农业大学学报（社会科学版），2018，19（5）：62-67.

［113］陈旭，杨印生．日本农业机械化发展对中国的启示［J］.中国农机化学报，2019，40（4）：202-209.

［114］张沁岚，杜志雄．战后日本农业政策金融的发展动向及对我国的启示［J］.江淮论坛，2017（2）：5-14，2

［115］刘文泽，郭若男，向小倩，等．日本农协对我国的经验借鉴［J］.农村经济与科技，2018，29（24）：20-21.

［116］胡凌啸，周应恒．提升小农竞争力：日本农业新政策的指向及启

示［J］.中国农村经济，2018（2）：126–138.

［117］陈柳钦．日本农协的发展历程、组织、功能及经验［J］.郑州航空工业管理学院学报，2010，28（1）：84–91.

［118］衣保中，郑丽．日本农协在农业产业化中的作用［J］.现代日本经济，2006（4）：34–38.

［119］李红，王静．日本农民职业教育：现状、特点及启示［J］.中国农业教育，2012（2）：38–41.

［120］齐美怡，曹晔．日本现代农业职业教育体系建设及对我国的启示［J］.职教论坛，2014（10）：85–90.

［121］蓝虹，穆争社．论中国农村合作金融发展的阶段性特征［J］.上海金融，2016（2）：36–47.

［122］龙辉．探讨农产品市场化对农业经济的发展作用［J］.中国商论，2019（1）：240–241.

［123］POST C. Book reviews：peasant sand globalization：political economy，rural transformation and the agrarian question［J］. Journal of agrarian change，2010，10（1）：143–148.

［124］LI T. Peasants and globalization：political economy，rural transformation and the agrarian question［J］.Canadian journal of development studies，2010，29（3–4）：519–521.

［125］WOLF E. Peasants［M］.Englewood Cliffs：Prentice–Hall，1966.

［126］POPKIN S L. The rational peasant：the political economy of rural society in Vietnam［M］.Berkeley：University of California Press，1979.

［127］STROHL R. Farming failures：The fate of large–scale agribusiness in Iran［J］.Agribusiness worldwide，1980，1（3）：12–24.

［128］JOHNSON N L. Why are farms so small?［J］.World development，1994，22（5）：691–706.

［129］KURIMOTO A. Agricultural cooperatives in Japan：an institutional approach [J].Journal of rural cooperation, 2004, 32 (5): 346-350.

[130] DAVIS F D, BAGOZZI R P, WARSHAW P R. User acceptance of computer technology: a comparison of two theoretical models [J].Management science, 1981 (35): 982-1003.

[131] DAVIS F D, VENKATESH V. A critical assessment of potential measurement biases in the technology acceptance model: three experiments [J].International journal of human-computer studies, 1996 (45): 19-45.

[132] ROGERS E M. Diffusion of innovations [M].5th ed. New York: Free Press, 2003.

[133] KLINE R B. Principles and practice of structural equation modeling [M].2nd ed. New York: The Guilford Press, 2005.

[134] ANDERSON J C, GERBING D W. Structural equation modeling in practice: a review and recommended two-step approach [J].Psychological bulletin, 1998, 103 (3): 411.

[135] CHIN W W. Commentary: issues and opinion on structural equation modeling [J].Management information systems quarterly, 1998, 22 (1): 7-16.

[136] HAIR J F, ANDERSON R E, TATHAM R L, et al. Multivariate data analysis [M].5th ed. Englewood Cliffs: Prentice Hall, 1998.

[137] FORNELL C, LARCKER D F. Evaluating structural equation models with unobservable variables and measurement error [J].Journal of marketing research, 1981, 18 (1): 39-50.

[138] JACKSON D L, GILLASY J A, PURC-STEPHENSON R. Reporting practices in confirmatory factor analysis: an overview and some recommendations [J].Psychological methods, 2009, 14 (1): 6-23.

[139] SCHUMACKER R E, LOMAX R G. A beginner's guide to structural equation modeling [M].3rd ed. New York: Taylor and Francis Group, LLC., 2010.

附录 1

调查问卷

尊敬的调查对象，您好！

感谢您抽出宝贵的时间来回答这份问卷。本调查采用无记名的方式，答案没有对错之分，如实回答就是最好的回答。我们保证您的答案仅用于学术研究，不会影响到您的个人利益。在此表示衷心感谢！

Ⅰ. 小农户部分

一、基本信息（所选项用“√”标记）

1. 您的性别：□男　　　　□女

2. 您的民族：□汉　　　　□少数民族（　　）

3. 您的年龄：（　　）岁

4. 您的学历：□小学及以下　□初中　□高中
　　　　　　□大专　□大学及以上

5. 您家里总人口有（　　）人，其中劳动力有（　　）人，在家务农有（　　）人，外出务工有（　　）人，从事其他工作有（　　）人。

6. 您的家庭耕地面积（　　）亩，其中流转过来的有（　　）亩，每亩租金（　　）元。

7. 去年您的家庭总收入为（　　）元，其中种植收入（　　）元，养殖收入（　　）元，工资性收入（　　）元，外出打工收入（　　）元，租金收入（　　）元，政府补贴收入（　　）元，其他收入（　　）元。

8. 去年您生产的农产品：

□全部用于家庭消费　□大部分用于家庭消费，小部分用于销售

□大部分用于销售，小部分用于家庭消费　□全部用于销售

9. 您使用的生产技术或农资：

□人力畜力耕作　□农药化肥　□塑料薄膜

□小型机耕　□大型机耕　□其他

10. 您加入或与哪些新型农业经营主体有过合作：

□农业企业（含专业化服务公司）　□ 农民专业合作社

□家庭农场　□其他（　）□不需要

11. 您与新型农业经营主体的合作方式：

□订单收购　□土地入股　□生产服务

□土地出租　□其他（　）　□没有

12. 您在经营中遇到的困难：

□产品销售难　□缺乏技术　□资金不足　□劳动力不足

□生产成本高　□土地流转难　□农业基础设施落后

□其他（　）

13. 未来您是否愿意继续从事农业生产经营：

□非常愿意　□愿意　□不愿意　□非常不愿意

14. 未来您是否愿意扩大经营规模：□愿意　□不愿意

15. 如果有更好的发展机会，并且给予足够的补偿，您是否愿意退出承包经营权（承包地）：

□非常愿意　□愿意　□不愿意　□非常不愿意

二、对农业生产社会化服务的认知和态度（所选项用“√”标记）

1. 您需要哪些方面的生产社会化服务（可多选）：

□全程生产托管　□耕种收　□深耕深松　□农作物秸秆还田

□施用有机肥　□工厂化育供苗　□仓储烘干

□病虫害专业化统防统治

2. 当地提供以上生产社会化服务的组织有（可多选）：

□政府涉农部门（如农技站等） □村集体 □农民专业合作社

□龙头企业 □高校、科研单位 □专业社会服务主体（如专业服务公司等）

3. 您接受过以上生产社会化服务吗？□是 □否

4. 您接受生产社会化服务的原因（可多选）：

□降低生产成本 □不用流转土地 □能满足生产需求

□价格合理 □手续简便 □其他（ ）

5. 您愿意为接受生产社会化服务付出的费用：

□50 元/亩以下 □ 51~100 元/亩

□101~200 元/亩 □200 元/亩以上

6. 您对农业生产社会化服务的接受程度（请依据您对下列叙述的同意程度勾选）

题号	问项	非常不同意	不同意	略微不同意	无意见	略微同意	同意	非常同意
1	农业生产社会化服务可以降低我的生产成本							
2	农业生产社会化服务可以完成我自己无法做到的生产工作							
3	有了农业生产社会化服务可以让我放心到城里工作、生活							
4.	现有农业生产社会化服务能满足我的生产需求							
5	我对现有的农业生产社会化服务是比较满意的							
6	农业生产社会化服务使我不用流转土地也能享受到先进农业技术的好处							

续表

题号	问项	非常不同意	不同意	略微不同意	无意见	略微同意	同意	非常同意
7	农业生产社会化服务的价格是比较合理的							
8	农业生产社会化服务的手续比较简便							
9	我打算接受现有的农业生产社会化服务							
10	如果能提供更多的服务，我会更加愿意接受农业生产社会化服务							

三、对农民合作组织的认知和态度（所选项用“√”标记）

1. 目前村里有农民专业合作社吗？

□有（请填写名称：　　　　　　　　）□没有

2. 您加入农民专业合作社了吗？□是　　□否

3. 您加入农民专业合作社的原因（可多选）：

□获得平价生产资料　□获得生产技术服务　□统一灌溉、机耕和病虫害防治　□获得市场信息　□销售农产品　□在农产品加工上获得帮助　□获得资金上的帮助　□获得政府补贴

4. 如果您没有加入农民专业合作社，原因是（可多选）：

□不够了解　□参加了也没有什么实惠　□不能满足我的需求

□对合作社领导者缺乏信任　□合作社财务不公开

□政府推动力度不够　□其他（　　）

5. 您希望合作社增加哪些服务（可多选）：

□信用贷款　□农业保险　□医疗卫生　□养老保障

□教育培训　□文化娱乐　□观光旅游

6. 您对农民合作组织的接受程度（请依据您对下列叙述的同意程度勾选）

题号	问项	非常不同意	不同意	略微不同意	无意见	略微同意	同意	非常同意
1	我对现在的农民专业合作社很满意							
2	农民专业合作社能满足我的大部分生产生活需求							
3	我觉得加入农民专业合作社能大大提高收入水平							
4	村干部动员、引领我加入农民专业合作社							
5	很多加入农民专业合作社的农户都实现了致富							
6	亲戚朋友都鼓励我加入农民专业合作社							
7	我很了解农民专业合作社的性质、作用及其运行机制							
8	我生产的大部分农产品都是通过农民专业合作社达成交易的							
9	我很希望农民专业合作社能提供更多的服务							
10	如果合作社能提供更多的服务，我非常愿意加入							

Ⅱ. 新型经营主体部分

1. 您经营的组织名称：(   )。

2. 该组织属于：

□专业大户 □家庭农场 □专业合作社 □龙头企业

□专业社会服务企业 □其他（   ）

3. 您经营的土地面积：

□50~100 亩　□101~200 亩

□201~500 亩　□500 亩以上

4. 您的经营范围：

□种养业　□农产品加工　□服务业（农家乐、休闲农业、观光农业、旅游农业等）□生产社会化服务　□其他（　　　　）

5. 去年您的营业收入（销售收入）：

□10 万元以下　□10 万~50 万元　□50 万~100 万元

□100 万~200 万元　□200 万~500 万元　□500 万元以上

6. 去年您获得的政府补贴为（　　　　）元。

7. 您与农户是否愿意结成紧密的利益联结机制来带动他们发展：

□非常不愿意　□不愿意　□略微愿意　□无所谓

□略微愿意　□愿意　□非常愿意

8. 您与农户联结的经营模式：

□龙头企业+农户　□龙头企业+合作社+农户

□龙头企业+农户合作制

□龙头企业+农户股份合作制　□其他形式（　　　　）

9. 您带动农户发展的具体方式（可多选）：

□“农业产业化+农户”带动　□土地流转带动　□订单收购带动

□“代种代养”带动　□务工带动　□入股分红带动

□其他方式（　　　　）

10. 您通过哪些途径使农户获利：

□土地租金　□工资收入　□保底分红

□股金收入　□利润返还　□其他（　　　　）

11. 如果政府把对您的政策扶持力度（如补贴金额）与您带动的农户数量挂钩，您是什么态度：

□非常不愿意　□不愿意　□略微不愿意　□无所谓

□略微愿意　□愿意　□非常愿意

12. 您在经营中还存在哪些困难（可多选）：

□贷款难　□规模小　□经营范围窄　□土地流转难

□政府补贴不足　□对农户带动不足　□其他（　　　　）

附录2

中共中央办公厅　国务院办公厅《关于促进小农户和现代农业发展有机衔接的意见》

党的十九大提出，实现小农户和现代农业发展有机衔接。为扶持小农户，提升小农户发展现代农业能力，加快推进农业农村现代化，夯实实施乡村振兴战略的基础，现就促进小农户和现代农业发展有机衔接提出如下意见。

一、 重要意义

发展多种形式适度规模经营，培育新型农业经营主体，是增加农民收入、提高农业竞争力的有效途径，是建设现代农业的前进方向和必由之路。但也要看到，我国人多地少，各地农业资源禀赋条件差异很大，很多丘陵山区地块零散，不是短时间内能全面实行规模化经营，也不是所有地方都能实现集中连片规模经营。当前和今后很长一个时期，小农户家庭经营将是我国农业的主要经营方式。因此，必须正确处理好发展适度规模经营和扶持小农户的关系。既要把准发展适度规模经营是农业现代化必由之路的前进方向，发挥其在现代农业建设中的引领作用，也要认清小农户家庭经营很长一段时间内是我国农业基本经营形态的国情农情，在鼓励发展多种形式适度规模经营的同时，完善针对小农户的扶持政策，加强面向小农户的社会化服务，把小农户引入现代农业发展轨道。

（一）促进小农户和现代农业发展有机衔接是巩固完善农村基本经营制度的重大举措。小农户是家庭承包经营的基本单元。以家庭承包经营为基础、统分结合的双层经营体制，是我国农村的基本经营制度，需要长期坚持并不断完善。扶持小农户，在坚持家庭经营基础性地位的同时，促进小农户之间、小农户与新型农业经营主体之间开展合作与联合，有利于激发农村基本经营制度的内在活力，是夯实现代农业经营体系的根基。

（二）促进小农户和现代农业发展有机衔接是推进中国特色农业现代化的必然选择。小农户是我国农业生产的基本组织形式，对保障国家粮食安全和重要农产品有效供给具有重要作用。农业农村现代化离不开小农户的现代化。扶持小农户，引入现代生产要素改造小农户，提升农业经营集约化、标准化、绿色化水平，有利于小农户适应和容纳不同生产力水平，在农业现代化过程中不掉队。

（三）促进小农户和现代农业发展有机衔接是实施乡村振兴战略的客观要求。小农户是乡村发展和治理的基础，亿万农民群众是实施乡村振兴战略的主体。精耕细作的小农生产和稳定有序的乡村社会，构成了我国农村独特的生产生活方式。扶持小农户，更好发挥其在稳定农村就业、传承农耕文化、塑造乡村社会结构、保护农村生态环境等方面的重要作用，有利于发挥农业的多种功能，体现乡村的多重价值，为实施乡村振兴战略汇聚起雄厚的群众力量。

（四）促进小农户和现代农业发展有机衔接是巩固党的执政基础的现实需要。小农户是党的重要依靠力量和群众基础。党始终把维护农民群众根本利益、促进农民共同富裕作为出发点和落脚点。扶持小农户，提升小农户生产经营水平，拓宽小农户增收渠道，让党的农村政策的阳光雨露惠及广大小农户，有利于实现好、维护好、发展好广大农民根本利益，让广大农民群众的获得感、幸福感、安全感更加充实、更有保障、更可持续。

二、 总体要求

（一）指导思想。以习近平新时代中国特色社会主义思想为指导，全面贯彻党的十九大和十九届二中、三中全会精神，坚持小农户家庭经营为基础与多种形式适度规模经营为引领相协调，坚持农业生产经营规模宜大则大、宜小则小，充分发挥小农户在乡村振兴中的作用，按照服务小农户、提高小农户、富裕小农户的要求，加快构建扶持小农户发展的政策体系，加强农业社会化服务，提高小农户生产经营能力，提升小农户组织化程度，改善小农户生产设施条件，拓宽小农户增收空间，维护小农户合法权益，促进传统小农户向现代小农户转变，让小农户共享改革发展成果，实现小农户与现代农业发展有机衔接，加快推进农业农村现代化。

（二）基本原则

——政府扶持、市场引导。充分发挥市场配置资源的决定性作用，更好发挥政府作用。引导小农户土地经营权有序流转，提高小农户经营效率。注重惠农政策的公平性和普惠性，防止人为垒大户，排挤小农户。

——统筹推进、协调发展。统筹兼顾培育新型农业经营主体和扶持小农户，发挥新型农业经营主体对小农户的带动作用，健全新型农业经营主体与小农户的利益联结机制，实现小农户家庭经营与合作经营、集体经营、企业经营等经营形式共同发展。

——因地制宜、分类施策。充分考虑各地资源禀赋、经济社会发展和农林牧渔产业差异，顺应小农户分化趋势，鼓励积极探索不同类型小农户发展的路径。不搞一刀切，不搞强迫命令，保持足够历史耐心，确保我国农业现代化进程走得稳、走得顺、走得好。

——尊重意愿、保护权益。保护小农户生产经营自主权，落实小农户土地承包权、宅基地使用权、集体收益分配权，激发小农户生产经营的积极性、主动性、创造性，使小农户成为发展现代农业的积极参与者和直接受益者。

三、 提升小农户发展能力

（一）启动家庭农场培育计划。采取优先承租流转土地、提供贴息贷款、加强技术服务等方式，鼓励有长期稳定务农意愿的小农户稳步扩大规模，培育一批规模适度、生产集约、管理先进、效益明显的农户家庭农场。鼓励各地通过发放良技良艺良法应用补贴、支持农户家庭农场优先承担涉农建设项目等方式，引导农户家庭农场采用先进科技和生产力手段。指导农户家庭农场开展标准化生产，建立可追溯生产记录，加强记账管理，提升经营管理水平。完善名录管理、示范创建、职业培训等扶持政策，促进农户家庭农场健康发展。

（二）实施小农户能力提升工程。以提供补贴为杠杆，鼓励小农户接受新技术培训。支持各地采取农民夜校、田间学校等适合小农户的培训形式，开展种养技术、经营管理、农业面源污染治理、乡风文明、法律法规等方面的培训。新型职业农民培育工程和新型农业经营主体培育工程要将小农户作为重点培训对象，帮助小农户发展成为新型职业农民。涉农职业院校等教育培训机构要发挥专业优势，优先做好农村实用人才带头人示范培训。鼓励各地通过补贴学费等方式，引导各类社会组织向小农户提供技术培训。

（三）加强小农户科技装备应用。加快研发经济作物、养殖业、丘陵山区适用机具和设施装备，推广应用面向小农户的实用轻简型装备和技术。建立健全农业农村社会化服务体系，实施科技服务小农户行动，支持小农户运用优良品种、先进技术、物质装备等发展智慧农业、设施农业、循环农业等现代农业。引导农业科研机构、涉农高校、农业企业、科技特派员到农业生产一线建立农业试验示范基地，鼓励农业科研人员、农业技术推广人员通过下乡指导、技术培训、定向帮扶等方式，向小农户集成示范推广先进适用技术。

（四）改善小农户生产基础设施。鼓励各地通过以奖代补、先建后补等方式，支持村集体组织小农户开展农业基础设施建设和管护。支持各地重点建设小农户急需的通田到地末级灌溉渠道、通村组道路、机耕生产道路、村内道路、农业面源污染治理等设施，合理配置集中仓储、集中烘干、集中育秧等公用设施。加强农业防灾减灾救灾体系建设，提高小农户抗御灾害能力。

四、 提高小农户组织化程度

（一）引导小农户开展合作与联合。支持小农户通过联户经营、联耕联种、组建合伙农场等方式联合开展生产，共同购置农机、农资，接受统耕统收、统防统治、统销统结等服务，降低生产经营成本。支持小农户在发展休闲农业、开展产品营销等过程中共享市场资源，实现互补互利。引导同一区域同一产业的小农户依法组建产业协会、联合会，共同对接市场，提升市场竞争能力。支持农村集体经济组织和合作经济组织利用土地资源、整合涉农项目资金、提供社会化服务等，引领带动小农户发展现代农业。

（二）创新合作社组织小农户机制。坚持农户成员在合作社中的主体地位，发挥农户成员在合作社中的民主管理、民主监督作用，提升合作社运行质量，让农户成员切实受益。鼓励小农户利用实物、土地经营权、林权等作价出资办社入社，盘活农户资源要素。财政补助资金形成的资产，可以量化到小农户，再作为入社或入股的股份。支持合作社根据小农户生产发展需要，加强农产品初加工、仓储物流、市场营销等关键环节建设，积极发展农户+合作社、农户+合作社+工厂或公司等模式。健全盈余分配机制，可分配盈余按照成员与合作社的交易量（交易额）比例、成员所占出资份额统筹返还，并按规定完成优先支付权益，使小农户共享合作收益。扶持农民用水合作组织多元化创新发展。支持合作社依法自愿组建联合社，提升小农户合作层次和规模。

（三）发挥龙头企业对小农户带动作用。完善农业产业化带农惠农机制，支持龙头企业通过订单收购、保底分红、二次返利、股份合作、吸纳就业、村企对接等多种形式带动小农户共同发展。鼓励龙头企业通过公司+农户、公司+农民合作社+农户等方式，延长产业链、保障供应链、完善利益链，将小农户纳入现代农业产业体系。鼓励小农户以土地经营权、林权等入股龙头企业并采取特殊保护，探索实行农民负盈不负亏的分配机制。鼓励和支持发展农业产业化联合体，通过统一生产、统一营销、信息互通、技术共享、品牌共创、融资担保等方式，与小农户形成稳定利益共同体。

五、 拓展小农户增收空间

（一）支持小农户发展特色优质农产品。引导小农户拓宽经营思路，依靠产品品质和特色提高自身竞争力。各地要结合特色优势农产品区域布局，紧盯市场需求，深挖当地特色优势资源潜力，引导小农户发展地方优势特色产业，形成一村一品、一乡一特、一县一业。探索建立农业产业到户机制，制订“菜单式”产业项目清单，指导小农户自主选择。支持小农户发挥精耕细作优势，引入现代经营管理理念和先进适用技术装备，发展劳动密集化程度高、技术集约化程度高、生产设施化程度高的园艺、养殖等产业，实现小规模基础上的高产出高效益。引导小农户发展高品质农业、绿色生态农业，开展标准化生产、专业化经营，推进种养循环、农牧结合，生产高附加值农产品。实施小农户发展有机农业计划。

（二）带动小农户发展新产业新业态。大力拓展农业功能，推进农业与旅游、文化、生态等产业深度融合，让小农户分享二三产业增值收益。加强技术指导、创业孵化、产权交易等公共服务，完善配套设施，提高小农户发展新产业新业态能力。支持小农户发展康养农业、创意农业、休闲农业及农产品初加工、农村电商等，延伸产业链和价值链。开展电商服务小农户专项行动。支持小农户利用自然资源、文化遗产、闲置农房等发展观光旅游、餐饮民宿、养生养老等项目，拓展增收渠道。

（三）鼓励小农户创业就业。鼓励有条件的地方构建市场准入、资金支持、金融保险、用地用电、创业培训、产业扶持等相互协同的政策体系，支持小农户结合自身优势和特长在农村创业创新。健全就业服务体系，扩大农村劳动力转移就业渠道，鼓励农村劳动力就地就近就业，支持农村劳动力进入二三产业就业。支持小农户在家庭种养基础上，通过发展特色手工和乡村旅游等，实现家庭生产的多业经营、综合创收。

六、 健全面向小农户的社会化服务体系

（一）发展农业生产性服务业。大力培育适应小农户需求的多元化多层次农业生产性服务组织，促进专项服务与综合服务相互补充、协调发展，积极拓展服务领域，重点发展小农户急需的农资供应、绿色生产技术、农业废弃物资源化利用、农机作业、农产品初加工等服务领域。搭建区域农业生产性服务综合平台。创新农业技术推广服务机制，促进公益性农技推广机构与经营性服务组织融合发展，为小农户提供多形式技术指导服务。探索通过政府购买服务等方式，为小农户提供生产公益性服务。鼓励和支持农垦企业、供销合作社组织实施农业社会化服务惠农工程，发挥自身组织优势，通过多种方式服务小农户。

（二）加快推进农业生产托管服务。创新农业生产服务方式，适应不同地区不同产业小农户的农业作业环节需求，发展单环节托管、多环节托管、关键环节综合托管和全程托管等多种托管模式。支持农村集体经济组织、供销合作社专业化服务组织、服务型农民合作社等服务主体，面向从事粮棉油糖等大宗农产品生产的小农户开展托管服务。鼓励各地因地制宜选择本地优先支持的托管作业环节，不断提升农业生产托管对小农户服务的覆盖率。加强农业生产托管的服务标准建设、服务价格指导、服务质量监测、服务合同监管，促进农业生产托管规范发展。实施小农户生产托管服务促进工程。

（三）推进面向小农户产销服务。推进农超对接、农批对接、农社对接，支持各地开展多种形式的农产品产销对接活动，拓展小农户营销渠道。实施供销、邮政服务带动小农户工程。完善农产品物流服务，支持建设面向小农户的农产品贮藏保鲜设施、田头市场、批发市场等，加快建设农产品冷链运

输、物流网络体系，建立产销密切衔接、长期稳定的农产品流通渠道。打造一批竞争力较强、知名度较高的特色农业品牌和区域公用品牌，让小农户分享品牌增值收益。加大对贫困地区农产品产销对接扶持力度，扩大贫困地区特色农产品营销促销。

（四）实施互联网+小农户计划。加快农业大数据、物联网、移动互联网、人工智能等技术向小农户覆盖，提升小农户手机、互联网等应用技能，让小农户搭上信息化快车。推进信息进村入户工程，建设全国信息进村入户平台，为小农户提供便捷高效的信息服务。鼓励发展互联网云农场等模式，帮助小农户合理安排生产计划、优化配置生产要素。发展农村电子商务，鼓励小农户开展网络购销对接，促进农产品流通线上线下有机结合。深化电商扶贫频道建设，开展电商扶贫品牌推介活动，推动贫困地区农特产品与知名电商企业对接。支持培育一批面向小农户的信息综合服务企业和信息应用主体，为小农户提供定制化、专业化服务。

（五）提升小城镇服务小农户功能。实施以镇带村、以村促镇的镇村融合发展模式，将小农户生产逐步融入区域性产业链和生产网络。引导农产品加工等相关产业向小城镇、产业园区适度集中，强化规模经济效应，逐步形成带动小农户生产的现代农业产业集群。鼓励在小城镇建设返乡创业园、创业孵化基地等，为小农户创新创业提供多元化、高质量的空间载体。提升小城镇服务农资农技、农产品交易等功能，合理配置集贸市场、物流集散地、农村电商平台等设施。

七、完善小农户扶持政策

（一）稳定完善小农户土地政策。保持土地承包关系稳定并长久不变，衔接落实好第二轮土地承包到期后再延长三十年的政策。建立健全农村土地承包经营权登记制度，为小农户“确实权、颁铁证”。在有条件的村组，结合高标准农田建设等，引导小农户自愿通过村组内互换并地、土地承包权退出等方式，促进土地小块并大块，引导逐步形成一户一块田。落实农村承包地所有权、承包权、经营权“三权”分置办法，保护小农户土地承包权益，及时调处流转纠纷，依法稳妥规范推进农村承包土地经营权抵押贷款业务，鼓励小农户参与土地资源配置并分享土地规模经营收益。规范土地流转交易，建立集信息发布、租赁合同网签、土地整治、项目设计等功能于一体的综合性土地流转管理服务组织。

（二）强化小农户支持政策。对新型农业经营主体的评优创先、政策扶持、项目倾斜等，要与带动小农生产挂钩，把带动小农户数量和成效作为重要依据。充分发挥财政杠杆作用，鼓励各地采取贴息、奖补、风险补偿等方式，撬动社会资本投入农业农村，带动小农户发展现代农业。对于财政支农项目投入形成的资产，鼓励具备条件的地方折股量化给小农户特别是贫困农户，让小农户享受分红收益。

（三）健全针对小农户补贴机制。稳定现有对小农生产的普惠性补贴政策，创新补贴形式，提高补贴效率。完善粮食等重要农产品生产者补贴制度。鼓励各地对小农户参与生态保护实行补偿，支持小农户参与耕地草原森林河流湖泊休养生息等，对发展绿色生态循环农业、保护农业资源环境的小农户给予合理补偿。健全小农户生产技术装备补贴机制，按规定加大对丘陵山区小型农机具购置补贴力度。鼓励各地对小农户托管土地给予费用补贴。

（四）提升金融服务小农户水平。发展农村普惠金融，健全小农户信用信息征集和评价体系，探索完善无抵押、无担保的小农户小额信用贷款政策，不断提升小农户贷款覆盖面，切实加大对小农户生产发展的信贷支持。支持农村商业银行、农村合作银行、村镇银行等农村中小金融机构立足县域，加大服务小农户力度。支持农村合作金融规范发展，扶持农村资金互助组织，通过试点稳妥开展农民合作社内部信用合作。鼓励产业链金融、互联网金融在依法合规前提下为小农户提供金融服务。鼓励发展为小农户服务的小额贷款机构，开发专门的信贷产品。加大支农再贷款支持力度，引导金融机构增加小农户信贷投放。鼓励银行业金融机构在风险可控和商业可持续的前提下扩大农业农村贷款抵押物范围，提高小农户融资能力。

（五）拓宽小农户农业保险覆盖面。建立健全农业保险保障体系，从覆盖直接物化成本逐步实现覆盖完全成本。发展与小农户生产关系密切的农作物保险、主要畜产品保险、重要“菜篮子”品种保险和森林保险，推广农房、农机具、设施农业、渔业、制种等保险品种。推进价格保险、收入保险、天气指数保险试点。鼓励地方建立特色优势农产品保险制度。鼓励发展农业互助保险。建立第三方灾害损失评估、政府监督理赔机制，确保受灾农户及时足额得到赔付。加大针对小农户农业保险保费补贴力度。

八、 保障措施

（一）加强组织领导。各级党委和政府既要注重培育新型农业经营主体，又要重视发挥好小农户在农业农村现代化中的作用，把贯彻落实扶持引导小农户政策和培育新型农业经营主体政策共同作为农村基层工作的重要方面，在政策制定、工作部署、财力投放等各个方面加大工作力度，齐头并进，确保各项政策落到实处。

（二）强化统筹协调。农业农村部门要发挥牵头组织作用，各地区各有关部门要加强协作配合，完善工作机制，形成工作合力。将推进扶持小农户发展与实施乡村振兴战略、打赢脱贫攻坚战统筹安排，推动各项工作做实做细。

（三）注重宣传指导。做好政策宣传，加强调查研究，及时掌握小农户发展的新情况新问题，系统总结小农户与现代农业发展有机衔接的新经验新做法新模式，营造促进小农户健康发展的良好氛围。

农业农村部门要会同有关部门，对本意见实施落实情况进行跟踪分析和评估，重要工作进展情况及时向党中央、国务院报告。

附录 3

广西壮族自治区
《关于促进小农户和现代农业发展有机衔接的若干措施》

为贯彻落实中共中央办公厅、国务院办公厅印发的《关于促进小农户和现代农业发展有机衔接的意见》精神，进一步完善农村基本经营制度，充分发挥小农户在乡村振兴中的作用，使小农户成为发展现代农业的积极参与者和直接受益者，推动我区现代农业发展，结合我区实际，制定以下措施。

一、加强小农户自身能力建设

（一）完善小农户培育机制。按照“实用、实效”的原则，积极发挥农业职业院校、农科院所等单位作用，适时开展系列专项培训行动。加大高素质农民、村级集体经济组织负责人、农村经济发展能人等的培训力度，启动职业农民培育三年提质增效行动，推动职业农民培育转型升级。计划全区每年培训高素质农民1. 5万人次以上，每年新增培养现代青年农场主300名以上，新增培养农业职业经理人400名以上。（责任单位：自治区农业农村厅、科技厅、农科院，各市、县人民政府。排在第一位的为牵头单位，下同）

（二）加强小农户科技能力建设。开展农业科技入户示范工程，突出面向小农户的新品种、新技术的推广应用，发展精准农业、智慧农业、设施农业、循环农业等现代农业。继续落实农机购置补贴政策，重点支持在甘蔗主产县区开展北斗地基基站建设，到 2022 年全区主要农作物耕种收综合机械化率达到 70%。进一步发挥我区在优质稻、杂交玉米、三黄鸡等方面品种选育及开发优势，加快推进广西与东盟国家在现代农业科技园区、优良农作物品种实验站、特色作物示范基地建设等方面的合作，全面深化种业双向开发合作。推行科技特派员制度，健全基层农技推广体系，鼓励社会力量参与农技推广服务。建设农业科研和技术成果转化中心、示范基地、现代特色农业示范区等，创建“星创天地”，建立小农户与现代农业发展有机衔接的科技示范带动模式。（责任单位：自治区科技厅、农业农村厅、发展改革委、农科院、糖业发展办，各市、县人民政府）

（三）夯实小农户农业生产设施建设。整合农业综合开发、农田整治、节水灌溉等农田建设资金，对符合条件的小块并大块区域，优先考虑安排受益小农户自主或联合开展高标准农田建设和土地整治项目。鼓励具备条件的地方采取以奖代补，先建后补等形式，建设小农户急需的通田到地末级灌溉渠道、机耕生产道路、农业面源污染治理等设施。支持小农户发展农业、林木培育和种植业、畜牧业、渔业生产用电，以及农业灌溉用电、农业服务业中的农产品初加工用电执行农业生产用电价格。对各级财政支持的各类小型项目，优先安排小农户开展日常性工程管护，建立完善持有和管护制度。（责任单位：自治区发展改革委、农业农村厅、财政厅、自然资源厅、水利厅，广西电网公司、广西农村投资集团，各市、县人民政府）

二、 创新新型农业经营主体联合带动小农户发展机制

（一）启动家庭农场培育计划。鼓励有长期稳定务农意愿的农户稳步扩大规模，力争到 2022 年培育 1. 3 万家规模适度、生产集约、管理先进、效益明显的农户家庭农场。建立健全自治区、市、县三级示范家庭农场评定机制，分级建立示范家庭农场名录。指导农户家庭农场开展标准化生产。鼓励农户

家庭农场参与建设各类农业示范（园）区，支持其参与农村土地整理和连片开发并纳入政策扶持范围。（责任单位：自治区农业农村厅、财政厅、市场监管局、自然资源厅、糖业发展办，各市、县人民政府）

（二）创新合作社组织带动机制。实施农民专业合作社示范社建设行动，到2022年自治区级及以上农民专业合作社示范社数量达到1000家。鼓励小农户以土地、林权、资金、劳动、技术、产品等为纽带，发展专业合作、股份合作等多元化、多类型合作社。落实农产品产地初加工补助政策。鼓励发展生产、供销、信用“三位一体”的农民专业合作社联合社，提升和扩大小农户合作层次和规模。建立“村党总支部+企业+合作社+专业人才+村民”等利益链接机制，采取保底分红、二次返利、股份合作、优先聘用等更加紧密的利益分享方式，带动小农户专业化、标准化、集约化生产。鼓励发展农民用水合作组织，建立针对小农户的农业用水精准补贴机制和节水奖励机制。（责任单位：自治区农业农村厅、水利厅、林业局、供销社，各市、县人民政府）

（三）发挥农业龙头企业对小农户带动作用。实施农业龙头企业成长计划。引导农业龙头企业以合同、订单等模式与农户建立稳定合理的购销关系，并提供贷款担保、保险资助、技术培训等服务，开展共同营销，联合打造品牌。建立农业龙头企业与农户风险共担机制，引导农业龙头企业创办或入股合作组织，采取“保底收益+按股分红”的分配方式，让农户分享加工销售环节收益。支持农业龙头企业通过兼并重组等方式实行全产业链经营，将小农户纳入现代农业产业体系。探索实行农民负盈不负亏的分配机制。（责任单位：自治区农业农村厅、财政厅，各市、县人民政府）

三、拓宽小农户增收渠道

（一）注重培育小农户发展特色优势农产品。实施特色产业集群发展行动，将粮食、蔗糖、水果、蔬菜、渔业、优质家畜等6个产业发展成为1000亿元产业，蚕桑、中药材、油茶、优质家禽等4个产业发展成为500亿元产业，休闲农业成为300亿元产业，食用菌产业发展成为200亿元产业，茶叶产值超100亿元，引导和带动小农户走入现代农业发展快车道。因地制宜，大力发展“一县一业”、“一村一品”，促进农民脱贫致富。实施“桂”字号农业品牌培育工程，突出打造富硒品牌农业，到2022年，推动广西绿色食品、有机农产品和农产品地理标志总数达到700个以上，建成100个富硒农产品示范基地，让小农户分享品牌增值收益。（责任单位：自治区农业农村厅、发展改革委，各市、县人民政府）

（二）提高小农户在产业融合发展中的增值收益。大力培育“农业+加工业”、“农业+旅游”、“农业+教育”、“农业+文化”、“农业+康养”、“农业+互联网”等新产业新业态，积极创建国家农村产业融合发展示范园，培育一批农产品加工特色小镇、田园综合体、休闲农业和乡村旅游示范点、文旅特色小镇、星级乡村旅游区（农家乐）等，推动农村一二三产业深度融合，畅通产销对接，拉动社会消费，拓展小农户增收渠道。到2023年，打造形成一批产值超10亿元、50亿元、100亿元的农村一二三产业融合发展先导区，示范引领广西农村一二三产业融合发展。（责任单位：自治区农业农村厅、工业和信息化厅、文化和旅游厅、教育厅、住房和城乡建设厅、林业局、大数据发展局，各市、县人民政府）

（三）创新小农户创业就业支持政策。落实农民工创业就业补贴政策，加快发展中小微企业和农村服务业，对符合条件的小农户新创办的各类市场主体给予一次性创业奖补；对符合条件的小农户新创办的市场主体带动就业的，按其实际吸纳就业人数给予一次性带动就业奖补；允许农村集体经济组织为吸引人才、留住人才开展各种有益探索。创新探索孵化链、人才科技链、资金链、产业链、政策链“五链相融”的农业双创工作推进机制，构建乡村振兴农业农村双创生动格局。加强小农户的就业服务和职业技能培训，创新订单、定向和定岗培训模式。（责任单位：自治区人力资源社会保障厅、财政厅、农业农村厅、糖业发展办，各市、县人民政府）

四、 建立健全面向小农户的社会化服务体系

（一）加快建立和推进面向小农户的农业生产和托管服务。探索通过政府购买服务等方式，为小农户提供生产公益性服务。构建科技教学研究推广部门+新型农业经营主体+重大技术+农业示范基地的新型推广体系。针对小农户生产实际需求，为小农户生产提供财务会计、技术培训、产品销售、农村金融、品牌打造等个性化、精准化、便利化服务，帮助小农户节本增效。支持粮食、供销、邮政、农机、农垦等系统不断提升农业生产托管对服务小农户的覆盖率，积极为小农户提供育种、代耕代种、农资配送、统防统治、收割烘干、加工销售等系列服务。积极发展服务联合体、服务联盟等新型服务组织，提升土地托管等农业生产托管服务的标准化、规范化水平。（责任单位：自治区农业农村厅、供销社、粮食和储备局、农垦局，广西邮政管理局，各市、县人民政府）

（二）加强农产品产销对接和流通服务建设。组织开展农产品定向产销对接活动，推进农超对接、农批对接、农社对接、农企对接、农校对接。持续开展广西特产行销全国活动，举办精准产销对接活动，拓展小农户营销渠道。深入开展贫困地区产品定向直销直供活动、粤桂消费扶贫协作、“万企帮万村”精准扶贫行动和贫困地区农产品“九进”行动，动员全社会开展消费扶贫，解决贫困地区农产品销售难问题。实施农产品产地市场建设和冷链仓储物流设施工程，到2023年，建成一批直接服务农户的全国性、全区性、区域性田头市场；全区果蔬、肉类和水产品冷藏运输率分别提高到40%、60%和70%以上。深入实施“互联网+流通”行动计划。加快面向粤港澳大湾区的特色农产品主要集散地和面向东盟的区域性国际农产品专业市场建设，打造联通境内和国外的农产品国际贸易综合体系，进一步拓宽小农户市场发展空间。（责任单位：自治区商务厅、扶贫办、发展改革委、农业农村厅、供销社，广西邮政管理局，各市、县人民政府）

（三）实施互联网+小农户计划。实施数字乡村战略。打造“广西农业农村云”，构建全产业链数据资源采集、分析、监测预警体系，到2022年，在大田种植、园艺设施、规模养殖等领域率先推广应用数字技术装备，数字技术应用主体劳动生产率提高20%以上。深入推进信息进村入户工程，建设广西农业数据信息库，完善自治区、市、县、乡四级农情信息调度体系建设。继续开展电子商务进农村综合示范工作，形成线上线下融合、农产品进城与农资和消费品下乡双向流通格局。鼓励各市自建或与国内知名电商平台合作搭建网上农产品交易平台，集中推介、展示、销售各地特色农产品。支持供销社发展农村电商，构建全区农村电商服务网络体系，在农产品进城与农资和消费品下乡双向流通中发挥引领作用。（责任单位：自治区农业农村厅、商务厅、大数据发展局、发展改革委、供销社，广西邮政管理局，各市、县人民政府）

（四）提升小城镇服务小农户功能。大力发展县域经济，实施农村青年创业富民行动，鼓励在小城镇建设返乡创业园、创业孵化基地等。引导支持全区建设100个级别不同的农产品加工集聚区，争取建设一批农业产业强镇、农产品精深加工示范基地、农产品专业村镇、农产品加工强县，逐步形成带动小农户生产的现代农业产业集群。推进人力资源产业园、农民工创业园建设。鼓励各类企业和社会机构利用现有资源支持农民工网上创业，积极组织创业农民工与企业、小康村、市场和园区对接，为农民工等返乡创业提供科技服务。（责任单位：自治区发展改革委、人力资源社会保障厅、工业和信息化厅、商务厅，各市、县人民政府）

五、 完善支持小农户的政策体系

（一）稳定农村土地政策。全面完成农村土地承包经营权确权登记颁证工作。落实农村承包地所有权、承包权、经营权“三权”分置办法，丰富农民土地承包经营权能，允许承包农户将土地经营权依法自愿配置给有经营意愿和经营能力的主体，发展土地流转、土地托管、土地入股等多种形式的适度规模经营。选择条件较成熟的地方开展农村宅基地使用权、进城落户农民土地承包经营权有偿退出试点。加强农村土地承包经营权纠纷调解体系建设。各地因地制宜建立完善信贷风险补偿、抵押物有效处置机制，研究探索农村土地经营权向金融机构融资担保、入股从事农业产业化经营。加快各级农村产权流转交易市场建设，建立健全运行机制、交易规则、人员聘用及培训机制，推动各级土地交易服务平台联网运行。全力推进资源变资产、资金变股金、农民变股东“三变”改革，探索总结发展壮大村级集体经济的更多路径办法。（责任单位：自治区农业农村厅、自然资源厅、地方金融监管局，人民银行南宁中心支行，广西银保监局，广西证监局，各市、县人民政府）

（二）强化财政支持和补贴政策。健全财政支农资金增长机制，完善落实财政撬动更多金融资本、社会资本投农支农的体制机制。将新型农业经营主体带动小农户数量和成效作为相关财政支农资金和项目审批、验收的重要参考依据。允许将财政专项扶贫资金等用于资产收益项目，以入股方式投入新型农业经营主体，并按规定折股量化给农村集体经济组织及所在农户，优先扶持贫困村、贫困户，共享发展收益。完善粮食等重要农产品生产者补贴制度。加大对丘陵山区小型农机购置补贴力度。（责任单位：自治区财政厅、发展改革委、农业农村厅、水利厅、文化和旅游厅、农垦局、林业局、扶贫办，各市、县人民政府）

（三）提升金融服务小农户水平。发展农村普惠金融，推广和完善“农金村办”模式。引导金融机构降低小农户融资实际利率和综合成本，鼓励金融机构适度提高涉农不良贷款容忍度，对涉农贷款不良率高出（含）自身各项贷款不良率年度目标 2 个百分点（含）以内的、普惠型涉农贷款不良率高出（含）自身各项贷款不良率年度目标 3 个百分点以内的，支持银行业金融机构在内部考核评价中不作为扣分因素。切实推动落实基层金融机构尽职和容错纠错机制。全面推进广西农村信用大数据平台和县域农户信用信息系统建设，持续开展农村信用“四级联创”工作。创新农村抵（质）押担保方式，依法稳妥规范推进农村承包土地经营权抵押贷款业务，推进林权抵押贷款工作；探索开展以农业机械设备、运输工具、水域滩涂养殖权、承包土地收益权等为标的的其他各类符合法律和政策的农村产权抵押贷款业务。建立健全农业农村资产评估、交易、处置办法。健全政府性融资担保体系，提高“三农”业务占比，完善“政银担”风险分担机制。创新开发面向小农户的信贷产品。（责任单位：自治区地方金融监管局，人民银行南宁中心支行，广西银保监局，自治区农业农村厅、发展改革委、财政厅、林业局、自然资源厅、水利厅、市场监管局、司法厅，广西农业信贷融资担保有限公司，各市、县人民政府）

（四）拓宽小农户农业保险覆盖面。认真落实“提标、增品、扩面”的要求，推广广西优势特色农业产业作物保险品种，扩大保险覆盖面。积极推进水稻粮食作物完全成本保险纳入中央财政补贴。发展与小农户收入关系密切的保险产品。探索建立地方特色优势农产品保险制度。建立财政、农业、林业、气象、应急等部门与农业保险机构数据共享机制，提高小农户抗御灾害能力。加快推进农业保险理赔服务标准化建设，提高农业保险理赔服务水平。（责任单位：自治区财政厅、农业农村厅、自治区林业局、气象局，广西银保监局，各市、县人民政府）

六、 保障措施

全区各级党委、政府要把贯彻落实扶持引导小农户政策和培育新型农业经营主体政策作为农村基层工作的重要内容，加大工作力度，做好政策宣传，加强调查研究，及时掌握小农户发展的新情况新问题。农业农村部门要发挥牵头组织作用，各有关单位要加强协作配合，完善工作机制，形成工作合力。农业农村部门要会同有关部门，对本措施落实情况进行跟踪分析和评估，重要工作进展情况及时向本级党委、政府报告。

重要术语索引表

后　记

本书的撰写持续了近一年的时间。在这一年里，我的家庭和工作都发生了很大的变化，既有迎来小天使的喜悦，也有失去父亲的悲伤，加上各种俗务缠身，身心疲惫之际一度产生放弃写作的念头。幸得家人的体谅、师生朋友的鼓励与帮助，让我重拾信念，书稿的撰写才得以艰难地推进。终于到了完稿之时，竟体会不到如释重负的感觉，反而对自己研究的不足深感愧疚，唯恐辜负了家人、师生、朋友的殷切期望。

本书选题的缘由在前言中已经阐述得很清楚，如此宏大而热门的选题只靠我“单兵作战”是难以完成的。得益于我对小农经济发展的长期关注，以及在梳理众多学者研究成果的过程中，研究思路逐渐得以厘清，最终得出了若干具有启发性的研究结论。本书把研究范围限定在西南农村地区，但由于缺乏更充分的研究资源和条件，没能对政府职能部门和小农户进行更为深入和更大范围的调查研究。而且，限于本人的水平和能力，以及在研究工具运用上的不足，本书还是留下了诸多遗憾。希望我能在今后的研究和工作中利用更多的研究资源和研究工具，更全面地掌握数据资料，进一步拓展研究范围，探讨小农户在未来更长时期，如在实现农业农村现代化和乡村振兴之后的发展趋势和发展思路。

尽管本书还存在诸多不足，但是在完稿之际循例的致谢仍是必须表达出来的。

首先，要感谢的是我的家人。在写作期间，怀有身孕的妻子分担了较平时更多的家务。姑姑长期以来对我们家的帮助，以及大女儿对我的加油鼓劲，这些都给予了我排除困难完成研究的条件和动力，感谢她们！正值书稿撰写胶着之际，小女儿呱呱落地了！小天使的到来给正在为写作焦灼不安的我带来了极大的安慰，我要把本书作为一件微薄的礼物献给她！

其次，我还要感谢许多对本书提供过帮助的人。广西财经学院罗云和彭蕊萍两位同学对本书做出了一定的贡献，罗云撰写了第四章的第二节，彭蕊萍撰写了第六章。昆明学院的李雄协助完成了在云南和贵州的问卷调查，百色学院的张源认真审阅了书稿并提出了大量建设性意见，中国经济出版社的燕丽丽和吴楠为本书的出版提供了很大的帮助，在此一并对他们表示衷心感谢！另外，广西财经学院和昆明学院的部分同学参与了本书的实地调研、问卷调查及调查数据的整理分析工作，感谢他们！这里难以一一列举出他们的名字，并不意味着我对他们的感激之情有丝毫的不同。

受到广西财经学院经济与贸易学院开放性重点课题的资助，本书得以解决出版经费问题。学院领导不断的督促成为我完成课题研究的动力源泉。感谢他们！

最后，还要感谢国内外众多从事相关论题研究的学者。本书是在借鉴了大量国内外学者研究成果的基础上完成的，尽管对这些学者成果的引用已经在文中注明，但在这里还是要对他们一并致以最衷心的感谢！我愿意追随前人的脚步，继续投入在这个大变革、大转型时期为探索中国农村地区未来的发展道路进行的研究中。

是为后记。

2020 年 11 月 18 日